LISA NIESCHLAG ✷ LARS WENTRUP

# NIGHT) KITCHEN

### REZEPTE & GESCHICHTEN

REZEPTENTWICKLUNG

Franziska Grünewald und Kathrin Nick

*Wir wünschen viel Spaß.*

Hölker Verlag

*Weihnachten 2021*

# INHALT

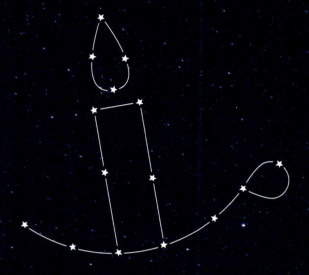

## BLAUE STUNDE
COCKTAILTIME

## LICHTERMEER
DINNER

*Alle Angaben zu Backofentemperaturen beziehen sich auf die Einstellung Ober- und Unterhitze.*

# STERNENHIMMEL

**MITTERNACHTSSNACK**

# MORGENRÖTE

**FRÜHSTÜCK**

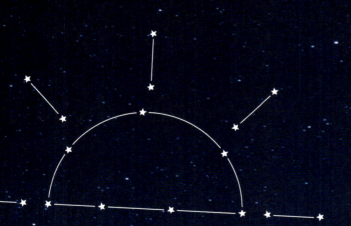

# DURCH DIE NACHT

Die Nacht ist magisch, mystisch, geheimnisvoll. Wenn die Sonne sinkt, die Lichter langsam ausgehen und der Sternenhimmel sich scheinbar endlos über uns dehnt, werden Sehnsüchte und Erinnerungen wach: an besondere Momente und unvergessliche Begegnungen. Das Leben scheint intensiver, unsere Gefühle stärker, die Sinne geschärfter, und mit Freude verschieben wir das Schlafen auf später irgendwann ...

Dieses Buch feiert die Nacht. Es stimmt uns ein auf die blaue Stunde, wenn wir bei Cocktails und kleinen Snacks den Tag verabschieden. Wunderbare Ideen für ein ausgedehntes Dinner lassen die Kerzen auf der Tafel zum Teil des großen Lichtermeers werden, das jeden Abend die Welt erleuchtet. Das Gefühl für Zeit und Raum geht mehr und mehr verloren, endlich kommen wir an im Hier und Jetzt. Dann beschert uns die Mitternachtsstunde fantasievolle Stärkungen und den Wunsch, dass diese Nacht nie enden möge. Immer philosophischer werden die Gedanken, die Gespräche tiefgehender und die Ideen gewagter. Ein guter Zeitpunkt, noch einmal rauszugehen: zum Tanzen, auf einen Spaziergang oder kurz für einen stillen Moment auf den Balkon.

Schließlich wird der Himmel blasser, wir entdecken das erste Licht am Horizont, ein neuer Tag bricht langsam an und liegt jung und frisch vor uns. Die Kraft der Sonne wirkt überwältigend, Kaffeeduft und verlockende Frühstücksrezepte begleiten die Morgenröte ... alles scheint möglich, das Leben ist gut.

Solche Nächte haben uns zu diesem Buch inspiriert. Für uns geht von Mond und Sternen seit jeher ein Zauber aus, und wer wie wir gern bei Kerzenlicht schlemmt und träumt, wird hier glücklich und satt werden. Gemeinsam mit uns feiern die Fotografen Julia Cawley, Sascha Talke und Oliver Schwab die Schönheiten der Nacht. Tauchen Sie ein in unser ungewöhnlich magisches Kochbuch!

Eure

Lisa und Lars

# BLAUE STUNDE

### COCKTAILTIME

Der beste Start in eine legendäre Nacht: ein eiskalter Champagner-Cocktail. Der französische Klassiker Kir Royal ist schnell zubereitet und dabei äußerst edel. Wenn es einmal nicht prickeln soll, kann man statt des Schampus trockenen Weißwein verwenden, dann heißt der Aperitif schlicht Kir. Der Bellini bezaubert durch den feinen Geschmack der weißen Pfirsiche, er schmeckt auch hervorragend, wenn er mit Prosecco aufgegossen wird.

# KIR ROYAL & BELLINI

FÜR 2 SEKTGLÄSER KIR ROYAL
**2–4 cl Crème de Cassis**
**eisgekühlter Champagner oder**
**Crémant zum Aufgießen**
**2 kleine Stängel Minze**

Zwei Sektkelche bereitstellen. Jeweils die Hälfte der Crème de Cassis in die Gläser gießen, dann mit dem eisgekühlten Champagner auffüllen. Mit den Minzstängeln garnieren. Anstoßen und genießen.

––––––––––

FÜR 2 SEKTGLÄSER BELLINI
**6 cl weißes Pfirsichpüree**
**eisgekühlter Champagner oder**
**Prosecco zum Aufgießen**
**2 kleine Stängel Minze**

Zwei Sektkelche bereitstellen. Je die Hälfte des Pfirsichpürees in die Gläser füllen, anschließend mit dem eisgekühlten Champagner aufgießen. Mit den Minzstängeln garnieren und sofort servieren.

Tipp / Der beste Freund aller Champagner-Cocktails: Blinis mit Kaviar (s. S. 15).

Diese speziellen Pfannkuchen stammen aus Osteuropa. Der Clou ist, dass sie mit zweierlei Mehl und frischer Hefe zubereitet werden. Bei den Original-Blinis aus Russland verwendet man in der Regel nur Buchweizenmehl und lässt den Teig zweimal gehen. Mit Crème fraîche, Kaviar und Dill schmecken die fluffigen kleinen Eierkuchen einfach toll, besonders gut machen sie sich an der Seite von Champagner-Cocktails (s. S. 12).

# BLINIS MIT KAVIAR

Für die Blinis beide Mehlsorten in einer Rührschüssel mischen, eine Mulde in die Mitte drücken und die Hefe hineinbröckeln. Die Milch in die Mulde gießen, Hefe und Mehl damit verrühren und den Vorteig abgedeckt 30 Minuten gehen lassen.

Die Butter schmelzen und abkühlen lassen. Mit den Eiern und ½ TL Salz zum Vorteig geben, alles sorgfältig vermengen. Den Teig ca. 2 Stunden gehen lassen.

Den Backofen auf 100 °C vorheizen. Dill abbrausen, trocken tupfen und in kleine Stücke zupfen. Butter in einer großen Pfanne erhitzen und mit je einer Kelle Teig portionsweise kleine Blinis (⌀ 6–8 cm) ausbacken. Das dauert jeweils ca. 5 Minuten, zwischendurch einmal wenden. In einer Auflaufform im heißen Ofen warm halten.

Die Blinis auf Serviertellern anrichten, je einen ordentlichen Klecks Crème fraîche und einen guten TL Kaviar daraufgeben. Mit Dill garniert servieren.

**Für 6 Portionen**

FÜR DIE BLINIS:
**150 g Buchweizenmehl**
**100 g Mehl**
**20 g frische Hefe**
**350 ml lauwarme Milch**
**50 g Butter**
**2 Eier (Größe M)**
**Salz**

FÜR DIE GARNITUR:
**2 Stängel Dill**
**100 g Crème fraîche**
**40 g Kaviar**

AUSSERDEM:
**Butter zum Ausbacken**

Der Ruckzuck-Appetizer zur Cocktailstunde: Der Dip ist blitzschnell gemacht, da man vorgegarte vakuumierte Rote Bete verwendet, und besticht mit seinem knalligen Magentaton. Die knusprigen Cracker schmecken wunderbar würzig – obwohl sie mit nur zwei Zutaten auskommen. Das verdanken sie dem großartigen Parmigiano Reggiano.

# PARMESANCRACKER MIT ROTE-BETE-DIP

**Für 4 Portionen**

FÜR DEN DIP:
1 kleines Bund Minze
2 Stängel Koriander
300 g vorgegarte Rote Bete
Salz
frisch gemahlener schwarzer Pfeffer
250 g griechischer Joghurt (10 % Fett)
1 TL Schwarzkümmelsamen
zum Bestreuen
Olivenöl zum Beträufeln

FÜR DIE CRACKER:
150 g Parmesan
2 Msp. Cayennepfeffer

Für den Dip die Kräuter abbrausen, trocken tupfen, die Blättchen abzupfen und fein hacken. Rote Bete in grobe Stücke zerteilen und mit dem Stabmixer in einem hohen Gefäß oder einer Rührschüssel pürieren. Die Hälfte der Minze und den gesamten Koriander zum Rote-Bete-Püree geben, mit Salz und Pfeffer würzen. Den griechischen Joghurt mit dem Rote-Bete-Mus verrühren, nochmals mit Salz und Pfeffer abschmecken. Beiseitestellen.

Für die Cracker den Backofen auf 200 °C vorheizen und ein Blech mit Backpapier auslegen. Den Parmesan fein reiben und mit Cayennepfeffer würzen. Je 1 EL Parmesan mit etwas Abstand auf das Blech setzen und leicht flach drücken. Im heißen Ofen in 8–10 Minuten goldbraun backen. Achtung, die Cracker sollten nicht zu dunkel werden. Herausnehmen und auf dem Blech abkühlen lassen. Den Rote-Bete-Dip mit Schwarzkümmelsamen und der restlichen Minze bestreuen, mit Olivenöl beträufeln und zu den frischen Parmesancrackern servieren.

Tipp / Zum Rote-Bete-Dip passen auch Naan oder Fladenbrot und knuspriges Baguette hervorragend.

Bei diesem Cocktail gibt es nur ein Entweder-oder. Entweder man liebt ihn oder man kann sich gar nicht mit ihm anfreunden. Das liegt am speziellen Geschmack des Mezcal, der aus Agavenfruchtfleisch hergestellt wird. Bei einigen Sorten findet sich zudem eine Raupe in der Flasche. Das schmeckt nicht jedem. Wir gehören ganz klar zur Kategorie 1: Wir lieben ihn! Die Frische der Gurke in Kombination mit Limette, Maracuja und dem Mezcal ist einfach einmalig.

# MEZCAL MULE

Die Gurke schälen und fein würfeln. Die Hälfte der Gurkenwürfel in den Shakerbecher geben und andrücken. Von den restlichen Zutaten ebenfalls jeweils die Hälfte zufügen und alles ca. 15 Sek. shaken. Eiswürfel in einen Kupferbecher füllen und den Cocktail durch ein Teesieb eingießen. Den zweiten Cocktail ebenso zubereiten.

Die Gurkenhälfte einmal durchschneiden und je 1 Stück mit 1 Minzstängel als Garnitur in den Kupferbecher stecken, die Drinks mit etwas Chilipulver bestreuen und mit einem kurzen Strohhalm servieren.

**Für 2 Kupferbecher
oder Tumbler**

1 kleine Gurke (ca. 20 cm)
10 cl Mezcal
4 cl Maracujapüree
3 cl Limettensaft
2 cl Ginger Beer

AUSSERDEM:
Eiswürfel
½ Gurke (ca. 15 cm)
zum Garnieren
2 Stängel Minze
Chilipulver zum Bestreuen
2 kurze Strohhalme
zum Servieren

Was wäre ein Cocktailabend mit Freunden ohne Knabbereien? Die knusprigen Brotstangen aus Hefeteig sind nicht nur eine gute Begleitung zum Drink zu später Stunde, sondern auch ein willkommener Snack, um die Wartezeit bis zum Dinner zu verkürzen. Sie schmecken ganz pur, können aber nach Belieben auch mit feinem Prosciutto oder würzigen Dips serviert werden.

# CHIA-GRISSINI MIT PROSCIUTTO

**Für ca. 30 Stück**

FÜR DIE GRISSINI:
**500 g Mehl Typ 00
1,5 TL Salz
1 TL Zucker
15 g frische Hefe
280 ml lauwarmes Wasser
50 ml Olivenöl
2 EL Chia-Samen
2 EL Zatar***

AUSSERDEM:
**Hartweizengrieß zum Bestreuen
und für die Arbeitsfläche
Olivenöl zum Bestreichen
Prosciutto zum Servieren
nach Belieben**

Mehl mit Salz und Zucker in einer Schüssel gründlich vermengen. Die Hefe im lauwarmen Wasser auflösen und mit dem Olivenöl zur Mehlmischung geben. Mit dem Knethaken der Küchenmaschine zu einem glatten Teig verarbeiten, dabei Chia-Samen und Zatar zufügen. Den Teig zu einer Kugel formen.

Ein Blech mit Backpapier auslegen und mit Hartweizengrieß bestreuen. Den Teig auf das Blech setzen, mit Olivenöl bestreichen und mit etwas Hartweizengrieß bestreuen. An einem warmen Ort 1 Stunde gehen lassen.

Den Ofen auf 220 °C vorheizen. Den Teig auf die mit Hartweizengrieß bestreute Arbeitsfläche geben, mit einem scharfen Messer fingerdicke Streifen abschneiden und in Form ziehen. Die Grissini auf ein mit Backpapier ausgelegtes Blech legen und mit Olivenöl bepinseln.

Die Grissini 15–20 Minuten backen. Abkühlen lassen, nach Belieben mit Prosciutto umwickeln und servieren.

*Orientalische Gewürzmischung, die meist aus Sesam, Sumach, Thymian, Oregano und Majoran besteht

Tipp / Dazu passt der Rote-Bete-Dip von Seite 18.

legend says,
    when you can't
sleep at night,
    it's because
you're awake in
    someone else's
    dream

Herrlich aromatisch und schön knusprig – hier muss man schnell sein, denn diese Nüsse sind im Handumdrehen weggeknabbert! Die duftenden Stars begrüßen ihre Gäste in nostalgischen Schälchen, freuen sich über einen Mezcal Mule (s. S. 21) oder ein Glas trockenen Weißwein als Begleiter und leiten hervorragend ein erlesenes Dinner ein. Süß und würzig zugleich, schmecken sie frisch geröstet am besten.

# WÜRZIGE NÜSSE MIT CHILI

Den Backofen auf 150 °C vorheizen und ein Backblech mit Backpapier auslegen. Die Nüsse in einer Schüssel sorgfältig mit Zucker, Salz und den Gewürzen vermischen. Das geht am besten mit den Händen. Das Eiweiß mit 2 EL Wasser schaumig schlagen und über die Nussmischung gießen. Alles gut vermengen, sodass alle Nüsse gleichmäßig überzogen sind.

Die Nüsse auf dem Blech verteilen und im heißen Ofen in ca. 30 Minuten rösten, bis sie schön knusprig sind. Abkühlen lassen, ggf. in kleine Stücke brechen und zum Aperitif servieren.

**Für ca. 500 Gramm**

**450 g gemischte Nüsse
(z. B. Mandeln, Walnusskerne,
Cashewkerne, Haselnusskerne,
Pekannusskerne)
100 g Zucker
1 TL Salz
½ TL Chilipulver
¼ TL Piment
½ TL gemahlener Kreuzkümmel
¾ TL Cayennepfeffer
1 Eiweiß**

Diese köstlichen Orient-Happen sind den arabischen *Kefta* nachempfunden. Statt zu kleinen Kugeln kann man sie auch zu länglichen, an beiden Enden spitz zulaufenden Frikadellen formen, dann ähneln sie der klassischen Variante noch mehr. Das Besondere ist hier die Kombination von Sultaninen und Pinienkernen. So mischt sich bei jedem Biss fruchtige Süße mit rauchig-edlen Röstaromen. Mit Reis oder Kartoffeln serviert, wird aus dem Mezze-Juwel eine leckere Hauptmahlzeit.

# ORIENTALISCHE HACKBÄLLCHEN

**Für ca. 25 Stück**

**1 große Zwiebel**
**50 g Pinienkerne**
**1 große Handvoll Sultaninen**
**1 Bund glatte Petersilie**
**1 Ei (Größe L)**
**600 g gemischtes Hackfleisch**
**1 TL Kurkuma**
**½ TL Zimt**
**2 TL Kreuzkümmel**
**2 TL Salz**

AUSSERDEM:
**Öl zum Braten**
**Zahnstocher zum Servieren**

Die Zwiebel fein würfeln und die Pinienkerne und Sultaninen nach Belieben hacken, die Stücke können ruhig etwas größer bleiben. Die Pinienkerne in einer Pfanne ohne Fett goldbraun rösten. Die Petersilie abbrausen, trocken tupfen und fein hacken. Das Ei verschlagen. Das Hackfleisch mit den Gewürzen, Zwiebel, Sultaninen, Petersilie und Ei vermischen. Am besten beherzt mit den Händen vermengen, damit sich alle Zutaten ordentlich vermischen.

Die Fleischmasse zu ca. 25 kleinen Kugeln formen und die Hackbällchen in einer großen beschichteten Pfanne in heißem Öl portionsweise braten. Sie sollten schön braun werden und eine dunkle Kruste bilden. Die einzelnen Portionen am besten in eine Auflaufform geben und mit Alufolie abgedeckt warm halten, bis alle Hackbällchen fertig sind. Zahnstocher hineinstecken und auf einer großen Platte oder mehreren kleinen Tellern anrichten.

Tipp / Mit Rote-Bete-Dip (s. S. 18), Zaziki oder einfach einem Klecks türkischem Joghurt servieren.

the **sun** watches
what I do,
but the **moon** knows
all my secrets

Unverzichtbare Zutat für diese *Onigirazu* genannten Reissandwiches ist der Original-Sushireis. Für 600 g gekochten Reis benötigt man 250 g Sushireis. Reis mehrfach abspülen und abtropfen lassen, mit 500 ml Wasser bedecken, kurz aufkochen lassen, dann abgedeckt 20 Minuten köcheln und 20 Minuten ruhen lassen. 3 EL Reisessig, 2 TL Zucker und 1 TL Salz erwärmen, bis sich Zucker und Salz lösen, unter den Reis heben, auskühlen lassen – fertig!

# VEGANE SUSHI-SANDWICHES

Den Backofen auf 200 °C vorheizen, ein Blech mit Backpapier auslegen. Die Süßkartoffel schälen und in ca. 1 cm dicke Scheiben schneiden. In einer Schüssel Sojasoße, Sesamöl, Reisessig und Honig vermischen und die Süßkartoffelscheiben kurz darin marinieren. Im heißen Ofen ca. 20 Minuten backen, bis sie gar sind.

Den Räuchertofu in drei ca. 1 cm dicke Scheiben schneiden. Olivenöl in einer Pfanne erhitzen und den Tofu darin einige Minuten braten, zwischendurch wenden.

Für die Sandwiches sechs Stücke Frischhaltefolie auslegen. Die sechs Nori-Blätter mit der rauen Seite nach oben mittig darauflegen. Die Ecken der Folie und der Blätter sollten genau versetzt liegen. Die Nori-Blätter mit nassen Händen befeuchten. Jeweils ca. 2 EL Reis in die Mitte setzen und mit den Händen zu einem flachen Quadrat formen. (Die Ecken müssen in die Richtung der Folienecken zeigen, also versetzt zu den Ecken der Nori-Blätter.)

Die Avocado schälen, halbieren, den Kern entfernen und in dünne Scheiben schneiden. Die Sprossen abbrausen und trocken tupfen. Die Reisquadrate mit Avocadoscheiben und Sprossen belegen, Srirachasoße darauftäufeln. Auf drei Blätter den gebratenen Tofu, auf die anderen drei Blätter die gebackenen Süßkartoffelscheiben legen. Dann jeweils mit ca. 1 EL Reis abschließen und die Ecken der Blätter über dem Reis zusammenfalten, sodass ein geschlossenes Päckchen entsteht. Straff in die Folie einwickeln.

Die *Onigirazu* vor dem Servieren aus der Folie wickeln, mit einem scharfen Messer halbieren und nach Belieben mit Sesam bestreuen.

**Für 12 Stück**

1 Süßkartoffel
1 EL Sojasoße
1,5 EL Sesamöl
2 TL Reisessig
1 EL Honig
200 g Räuchertofu
6 Nori-Blätter
600 g gekochter Sushireis
1 Avocado
50 g Sprossen (z. B. Rote-Bete-Sprossen)

AUSSERDEM:
Olivenöl zum Braten
Srirachasoße
zum Beträufeln
1 TL schwarze Sesamsamen
zum Bestreuen nach
Belieben

Ein Cocktail für Engel der Nacht! Sloe Gin ist ein leicht süßlicher Schlehenlikör, der diesem Getränk geschmacklich seine besondere Note verleiht. Und Sahne als Cocktailkomponente ist ja bei vielen Liebhabern der bunten Drinks ohnehin sehr beliebt. Der cremige Angel's Delight hat seit Längerem Klassiker-Status erreicht – bestimmt auch aufgrund seiner pinkrosa Farbe – ein echter Hingucker.

# ANGEL'S DELIGHT

**Für 2 Shotgläser**

2 cl Grenadine
2 cl Triple Sec
2 cl Sloe Gin (Schlehenlikör)
4 TL Schlagsahne

AUSSERDEM:
**Eiswürfel**
**Brombeeren zum Garnieren**

Alle Zutaten in einen Cocktailshaker geben und auf viel Eis kräftig shaken, dann durch ein Teesieb in gekühlte Cocktailschalen abseihen. Die Brombeeren an einer Seite vorsichtig einschneiden und als Garnitur auf die Glasränder stecken. Sofort servieren, denn eisgekühlt schmeckt der Drink am besten.

Bei diesen Antipasti sollte man nicht am Olivenöl sparen. Denn je besser das Öl, desto besser die Zucchiniröllchen. Die cremige Ziegenfrischkäsefüllung mit Basilikum und Pinienkernen funktioniert auch prima in Kombination mit gegrillten Auberginen – falls es mal eine Alternative zur Zucchini geben soll.

# ZUCCHINIRÖLLCHEN MIT ZIEGENKÄSE

Die Zucchini putzen, die Enden abschneiden und entsorgen. Die Zucchini mit einem großen Messer längs in sehr schmale Streifen schneiden. Das Öl in einer gusseisernen Pfanne erhitzen und die Zucchinistreifen darin anbraten, bis sie weich sind und sich bräunen. Das dauert ca. 8 Minuten, zwischendurch immer wieder wenden. Die fertigen Zucchinischeiben auf Küchenpapier lauwarm abkühlen lassen.

In der Zwischenzeit für die Füllung die Zitrone heiß abwaschen, trocken tupfen und die Schale ohne das Weiße abreiben. Basilikum abbrausen, trocken tupfen und fein hacken. Die Pinienkerne in einer Pfanne ohne Fett rösten und grob hacken. Den Ziegenfrischkäse mit Sumach und Zitronenabrieb vermengen, großzügig salzen und pfeffern. Basilikum und Pinienkerne unterheben.

Die Zucchinistreifen auf einen großen Teller legen. Jeweils zwei Drittel eines Streifens mit der Füllung bestreichen, dann in Richtung des unbestrichenen Stücks fest aufrollen. Die Röllchen mit einem Zahnstocher fixieren und lauwarm servieren.

**Für 8–10 Stück**

**2 kleine Zucchini**

FÜR DIE FÜLLUNG:
**1 Bio-Zitrone**
**3 Stängel Basilikum**
**50 g Pinienkerne**
**200 g Ziegenfrischkäse**
**2 TL Sumach**
**Salz**
**frisch gemahlener**
**schwarzer Pfeffer**

AUSSERDEM:
**Olivenöl zum Braten**
**Zahnstocher zum Servieren**

SUNSETS ARE
PROOF THAT
ENDINGS CAN BE
BEAUTIFUL TOO

Außen der knusprig-zarte Filoteig und innen geschmolzener Feta: Diese vegetarischen Böreks zergehen auf der Zunge und eignen sich einfach zu gut als Fingerfood. Im Vorbeigehen sind sie blitzschnell geschnappt und vernascht. Schnell sein lohnt sich, denn warm schmecken sie einfach am allerallerbesten.

# KNUSPRIGE BÖREKS MIT FETA-MINZ-FÜLLUNG

**Für 16 Stück**

2 Stängel Minze
200 g Feta
2 EL türkischer Joghurt (10 % Fett)
1 Pck. Filoteig (Kühltheke, benötigt
werden 4 Blätter)
1 Ei (Größe L), verschlagen

AUSSERDEM:
Olivenöl zum Bestreichen
Schwarzkümmelsamen
zum Bestreuen

Den Backofen auf 200 °C vorheizen, ein Backblech mit Backpapier auslegen und mit Olivenöl bepinseln, damit die Böreks später nicht am Papier festkleben.

Die Minze abbrausen, trocken tupfen und sehr fein hacken. Den Feta zerkleinern und in einer Schüssel mit der Minze und dem Joghurt vermischen.

Einen Bogen Filoteig auf einem großen Brett oder der Arbeitsplatte vierteln. Einen guten Teelöffel Fetamischung auf das erste Viertel setzen; am besten zu einer Wurst geformt an die untere Längsseite des Viertels legen. Die seitlichen Teigränder über die Füllung schlagen und den Teig von vorne nach hinten aufrollen. Zum Schluss die Teigränder mit dem verschlagenen Ei bestreichen.

Die weiteren Böreks ebenso herstellen, im letzten Schritt mit dem übrigen Ei bestreichen und großzügig mit den Schwarzkümmelsamen bestreuen. Im heißen Ofen in ca. 15 Minuten goldbraun backen und sofort servieren.

# LICHTERMEER

DINNER

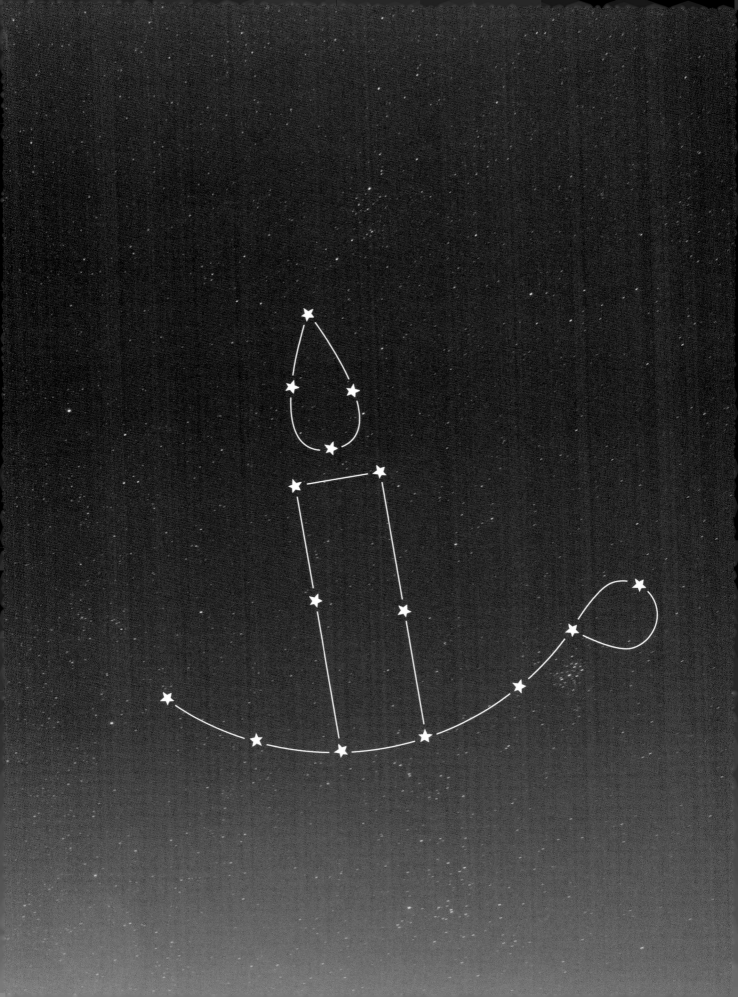

# BLUMENKOHL-FENCHEL-SUPPE MIT CURRY

Die Zwiebel schälen und fein würfeln. Den Fenchel und den Blumenkohl putzen, den Fenchel in Würfel schneiden, etwas Grün für die Dekoration beiseitelegen, und den Blumenkohl in Röschen teilen. Knoblauch schälen und fein hacken. Das Öl in einem großen Topf erhitzen und die Zwiebel darin 3 Minuten andünsten. Den Fenchel zufügen. Unter Rühren 7–10 Minuten anrösten. Den Knoblauch mit dem Currypulver unter ständigem Rühren zufügen. Blumenkohl und Gemüsebrühe zufügen und alles kurz aufkochen lassen. Anschließend die Hitze reduzieren und die Suppe mit aufgelegtem Deckel 12-15 Minuten köcheln lassen.

Die Suppe etwas abkühlen lassen und mit dem Mixstab pürieren. Kokosmilch zufügen, gut unterrühren und alles erneut 10 Minuten bei mittlerer Hitze erwärmen. Mit Salz und Pfeffer abschmecken und mit Fenchelgrün garnieren.

**Für 4 Portionen**

1 Zwiebel
1 Fenchelknolle
1 Blumenkohl
1 Knoblauchzehe
2 EL Olivenöl
2 TL Currypulver
500 ml Gemüsebrühe
400 ml Kokosmilch
Salz
frisch gemahlener
schwarzer Pfeffer

Dieser Salat ist wie die Königin der Nacht! Mit den schwarzen Linsen, der hellgrünen Avocado und den roten Tomatenwürfeln sieht er nicht nur toll aus, sondern ist auch außerordentlich köstlich. Die Linsen sollte man nicht zu lange kochen, sie schmecken am besten, wenn sie noch etwas Biss haben.

# BELUGALINSENSALAT MIT AVOCADO

**Für 4 Portionen**

FÜR DEN SALAT:
**200 g Belugalinsen**
**Salz**
**2 Avocados**
**Saft von ½ Zitrone**
**1 Fleischtomate**
**½ Bund glatte Petersilie**

**Für das Dressing:**
**1 Knoblauchzehe**
**3 EL Olivenöl**
**1 EL Weißweinessig**
**1 TL Dijon-Senf**
**Salz**
**frisch gemahlener schwarzer Pfeffer**

Die Linsen in einen kleinen Topf füllen und in der doppelten Menge Wasser zum Kochen bringen. Bei geringer Hitze ca. 25 Minuten köcheln lassen, erst zum Ende der Garzeit salzen. Abgießen und unter kaltem Wasser abschrecken, beiseitestellen und abkühlen lassen.

In der Zwischenzeit die Avocados schälen, halbieren, den Kern entfernen und das Fleisch in kleine Würfel schneiden, mit reichlich Zitronensaft beträufeln, damit sie nicht braun werden. Die Tomate vom Stielansatz befreien und ebenfalls fein würfeln. Petersilie abbrausen und trocken tupfen, 1 Stängel zum Garnieren beiseitelegen und den Rest fein hacken. Linsen, Avocado- und Tomatenwürfel sowie die Petersilie vermengen.

Für das Dressing den Knoblauch schälen und pressen. Mit allen weiteren Zutaten verrühren, großzügig mit Salz und Pfeffer würzen. Das Dressing über den Linsensalat gießen und alles noch einmal behutsam vermengen. Den Salat auf vier kleinen Tellern anrichten und mit Petersilie garniert servieren.

Mit ihrer knuspriger Haut und dem zartrosa Fleisch ist die Entenbrust zu Recht beliebt.
Sie schmeckt nicht nur klassisch zu Rotkohl und Kartoffelgratin, sondern lässt sich vielseitig
zubereiten – zum Beispiel mit köstlicher Marsala-Weißwein-Soße!

# ENTENBRUST MIT MARSALA-WEISSWEIN-SOSSE

Den Backofen auf 80 °C Umluft vorheizen. Die Entenbrustfilets abspülen und trocken tupfen. Die Haut mit einem sehr scharfen Messer rautenförmig einschneiden, dabei auf keinen Fall in das Fleisch schneiden. Die Hautseite mit Meersalz würzen. Eine beschichtete Pfanne ohne Fett erhitzen und die Entenbrust auf der Hautseite bei mittlerer Hitze ca. 4 Minuten braten, bis die Haut braun und knusprig ist. Das austretende Fett zwischendurch abgießen und beiseitestellen. Die Entenbrust wenden und ca. 1 Minute von der Fleischseite anbraten. Herausnehmen, auf den Backofenrost über eine Fettpfanne geben und 25–30 Minuten im Ofen garen.

Für die Soße Knoblauch und die Zwiebel schälen und in sehr feine Würfel schneiden. In einer Pfanne mit Rapsöl glasig dünsten. Mit Gemüsebrühe und Weißwein ablöschen, aufkochen lassen und Sahne und Marsala zufügen. Die Speisestärke mit etwas kaltem Wasser anrühren und die Soße damit binden. Mit Salz und Pfeffer abschmecken.

Für das Gemüse die Chilischote von Samen und Scheidewänden befreien und fein hacken. Den Ingwer schälen und fein hacken. Das übrige Gemüse putzen, ggf. schälen und grob würfeln. Etwas Fett von der Entenbrust in die Pfanne geben, erhitzen und das Gemüse mit Chili und Ingwer kurz anbraten.

**FÜR DIE ENTENBRUST:**
4 Entenbrustfilets
grobes Meersalz

**FÜR DIE SOSSE:**
1 Knoblauchzehe
1 Zwiebel
1 EL Rapsöl
200 ml Gemüsebrühe
Weißwein
100 ml Sahne
50 ml Marsala
2 EL Speisestärke
Salz
frisch gemahlener
schwarzer Pfeffer

**FÜR DAS GEMÜSE:**
1 Chilischote
1 Stück Ingwer (3 cm)
2 Möhren
250 g Staudensellerie
1 gelbe Paprika
100 g Zuckerschoten

**Luftige Pannacotta und warme Pflaumensoße sind ein echtes Dream-Team. Sind gerade keine Pflaumen verfügbar, kann die Mohn-Pannacotta auch mit einer Waldbeerensoße serviert werden. Dafür 200 g Waldbeeren in einen Topf geben und mit dem Saft von 1 Orange aufkochen. Wie im Rezept beschrieben mit Speisestärke binden und nach Belieben mit Zucker süßen.**

# MOHN-PANNACOTTA MIT PFLAUMENSOSSE

**Für 4 Portionen**

FÜR DIE MOHN-PANNACOTTA:
**1 Bio-Zitrone**
**½ Vanilleschote**
**3 Blatt Gelatine**
**400 ml Sahne**
**40 g gemahlener Mohn**
**30 g Zucker**

FÜR DIE PFLAUMENSOSSE:
**6 Pflaumen**
**½ Vanilleschote**
**100 ml Orangensaft**
**1 EL Rohrzucker**
**½ TL Zimt**
**2 EL Brombeergelee**
**1 TL Speisestärke**

Für die Pannacotta die Zitrone heiß abwaschen, trocken tupfen und die Schale dünn ohne weiße Haut abschälen. Die Vanilleschote längs halbieren und das Mark herauskratzen. Die Gelatine in etwas kaltem Wasser einweichen. 200 ml Sahne, Mohn, Zucker, Zitronenschale, Vanillemark und -schote in einen Topf geben und aufkochen. Vom Herd nehmen, Zitronenschale und Vanilleschote entfernen und etwas abkühlen lassen.

Die Gelatine ausdrücken und in der noch warmen Mohn-Sahne unter Rühren auflösen. Für ca. 1 Stunde kalt stellen, bis die Masse zu gelieren beginnt. Dann die übrige Sahne steif schlagen und unter die Mohn-Sahne heben. Pannacotta in 4 kleine Förmchen füllen und über Nacht in den Kühlschrank stellen.

Für die Soße die Pflaumen entkernen und das Fruchtfleisch würfeln. Die Vanilleschote längs halbieren und das Mark herauskratzen. Den Orangensaft mit Rohrzucker, Vanillemark und -schote in einen Topf geben und kurz aufkochen. Vanilleschote entfernen und die Pflaumen zufügen. Erneut kurz aufkochen, dann die Hitze reduzieren und die Soße 2–4 Minuten köcheln lassen. Zimt und Brombeergelee zufügen und vorsichtig unterrühren. Die Speisestärke mit etwas kaltem Wasser verrühren, zufügen und unterrühren. Kurz aufkochen lassen und anschließend vom Herd nehmen.

Die Pannacotta-Förmchen kurz (!) in heißes Wasser stellen, mit einem Messer am Rand entlangfahren und anschließend auf Teller stürzen. Mit der warmen Pflaumensoße anrichten.

# RAVIOLI MIT MÖHREN-CASHEW-FÜLLUNG IN RIESLINGSCHAUM

Für den Nudelteig das Mehl in eine große Schüssel geben und in der Mitte eine Mulde formen. 2 Eigelbe und das Ei hineingeben. Das übrige Eigelb zum Bestreichen der Teigränder beiseitestellen. Olivenöl und Salz zufügen und alles zu einem glatten Teig verarbeiten, dabei esslöffelweise Wasser zugeben. Der Teig sollte fest sein und sich zu einer Kugel formen lassen. Den Teig in Klarsichtfolie wickeln und 1 Stunde im Kühlschrank ruhen lassen.

Für die Füllung die Möhren schälen und in ca. 0,5 cm große Würfel schneiden. Mit Orangensaft und etwas Wasser in einen Topf geben und 5 Minuten dünsten, bis sie weich sind. Überschüssige Flüssigkeit abgießen und die Möhren mit grob gehackten Cashewkernen und den übrigen Zutaten für die Füllung in ein hohes Gefäß geben. Mit dem Stabmixer pürieren, bis eine glatte Masse entsteht. Mit Salz und Pfeffer kräftig abschmecken.

Den Nudelteig sehr dünn ausrollen oder mit einer Nudelmaschine zu dünnen Teigplatten verarbeiten. Ca. 40 Teigkreise (∅ ca. 6 cm) ausstechen. Jeweils den Rand mit Eigelb bepinseln und eine kleine Menge Füllung auf den Teigkreis geben. Diesen zu einem Halbkreis umschlagen und den Rand mit einer Gabel fest zusammendrücken. Die fertigen Ravioli auf einen mit Mehl bestäubten Teller legen.

Für den Rieslingschaum die Schalotten schälen, fein würfeln und in einer Pfanne in der Butter glasig dünsten. Mit Wein ablöschen und köcheln lassen, bis sich die Flüssigkeit auf die Hälfte reduziert hat. Die Gemüsebrühe zufügen und erneut reduzieren lassen. Sahne zufügen und die Soße mit dem Mixstab zu einem luftigen Schaum aufmixen. Mit Salz und Pfeffer abschmecken. Die Ravioli portionsweise in einem großen Topf in kochendem Salzwasser ca. 5 Minuten garen. Herausheben, abtropfen lassen und in tiefe Teller geben. Die Soße eventuell erneut aufschäumen und über die Ravioli träufeln. Mit Thymianblättchen und den Karottenstreifen garniert servieren.

**Für 4 Portionen**
**Für ca. 40 Ravioli**

FÜR DEN NUDELTEIG:
**220 g Mehl**
**3 Eigelb, 1 Ei**
**1 EL Olivenöl**
**1 Prise Salz**

FÜR DIE FÜLLUNG:
**3 Möhren**
**2 EL Orangensaft**
**60 g Cashewkerne**
**2 EL Ricotta**
**40 frisch geriebener Parmesan**
**2 Zweige Thymian,**
**Blättchen abgezupft**
**Salz**
**frisch gemahlener**
**schwarzer Pfeffer**

FÜR DEN RIESLINGSCHAUM:
**2 Schalotten**
**1 EL Butter**
**50 ml Weißwein (Riesling)**
**200 ml Gemüsebrühe**
**100 ml Sahne**
**Salz und Pfeffer**

AUSSERDEM:
**Mehl zum Bestäuben**
**Thymianblättchen und**
**blanchierte Karottenstreifen zum**
**Garnieren**

never wait for sleep
to start dreaming

FABEL

Zur Zeit der Abend-
dämmerung saßen drei oder vier
Leuchtwürmchen in einer Wiese unter
den Kräutern und Blumen, und man sah, wie sie
geheimnisvoll die Köpfe zusammensteckten, em-
sig hin und her krochen und sich eifrig besprachen,
sodass man glauben musste, es sei etwas sehr Wichti-
ges im Werke. Als nun die Nacht auf die Felder und Flu-
ren niedersank und die Sterne am Himmel erglänzten, da
erklommen sie einen hohen Grashalm und sprachen zu den
Sternen: „Ihr lieben Sternlein! Ihr müsst gewiss sehr müde
sein von eurem allnächtlichen Wachen; drum geht einmal ohne Sorgen schlafen; wir wollen indes die Erde für
euch beleuchten!" Die Sternlein lächelten einander
an und verbargen sich zum Spaße hinter kleinen
Wolken; die Leuchtwürmchen aber glänzten die
ganze Nacht hindurch aus allen Leibeskräf-
ten, und am Morgen meinten die guten
Tierlein, sie hätten die Erde
erleuchtet.

Die Limettenmarinade für den Lachs ist rasch angerührt und den Rest übernimmt der Ofen. Heraus kommt ein saftiger Lachs mit einem intensiven, frischen Zitrusgeschmack. Das zart duftende Kartoffel-Kokos-Püree ist dazu eine ebenso außergewöhnliche wie stimmige Beilage.

# LIMETTENLACHS AUS DEM OFEN MIT KARTOFFEL-KOKOS-PÜREE

**Für 6 Portionen**

FÜR DEN LACHS:
**2 Bio-Limetten**
**4 EL Olivenöl**
**2 Knoblauchzehen**
**1,2 kg Lachsfilet (aus dem Mittelstück, ohne Haut)**
**Meersalz**

FÜR DAS PÜREE:
**1,5 kg mehligkochende Kartoffeln**
**Salz**
**50 g Kokosraspel**
**250 ml Kokosmilch**
**3 EL Butter**

AUSSERDEM:
**4 Stängel Dill zum Garnieren**

Für die Marinade den Saft von 1 Limette mit dem Olivenöl verrühren, die Knoblauchzehen schälen und dazupressen. Den Lachs mit der Marinade bestreichen und ca. 1 Stunde kalt stellen. Die zweite Limette heiß abspülen, trocken tupfen und in Scheiben schneiden. Den Dill abbrausen, trocken tupfen und nach Wunsch in kleinere Stücke zupfen.

Den Backofen auf 180 °C vorheizen, ein Blech mit Backpapier auslegen. Für das Püree die Kartoffeln schälen, klein schneiden und in Salzwasser gar kochen. Währenddessen die Kokosraspel in einem Topf ohne Fett goldbraun rösten und beiseitestellen.

In der Zwischenzeit den Lachs auf das Blech legen, die Limettenscheiben darauf verteilen und großzügig mit Meersalz würzen. Den Lachs im heißen Ofen 15–20 Minuten garen.

Sind die Kartoffeln gar, das Wasser abgießen und die Kartoffeln mit einem Stampfer zu Brei zerdrücken. Kokosmilch und Butter hinzufügen und zu einem cremigen Brei verarbeiten, mit Salz abschmecken. Zum Schluss die Kokosraspel unterrühren.

Den Lachs mit einem scharfen Messer quer in sechs Portionen teilen und auf sechs Tellern anrichten. Mit Dill garnieren und mit dem Kartoffel-Kokos-Püree servieren.

**Hauchdünn geschnitten und mit Parmesan bestreut, ist diese italienische Vorspeise ein echter Klassiker. Mit dem würzigen Tomaten-Chili-Relish erscheint sie hier in neuem Gewand. Das Relish kann nach Belieben auch in einer größeren Menge hergestellt werden, da es sich gut im Kühlschrank aufbewahren lässt.**

# CARPACCIO MIT TOMATEN-CHILI-RELISH

Für das Carpaccio das Fleisch von Sehnen und Fett befreien, in Klarsichtfolie wickeln und in den Kühlschrank legen.

Für das Relish die Tomaten vierteln. Chili von den Kernen befreien, Schalotten und Knoblauch schälen und alles fein hacken. Tomaten, Chili, Schalotten und Knoblauch mit Olivenöl in einer Pfanne erhitzen und unter Rühren anrösten. Tomatenmark zugeben und kurz (!) mitrösten. Vom Herd nehmen und mit Limettensaft, Fischsoße, Zucker, Salz und Pfeffer abschmecken. Beiseitestellen.

Rucola waschen und trocken schleudern, Parmesan grob hobeln. Fleisch aus der Kühlung nehmen, auswickeln und in sehr dünne Scheiben schneiden. Diese nacheinander in einen Gefrierbeutel geben und plattieren.

Das Fleisch auf Tellern verteilen, etwas Tomaten-Chili-Relish und Rucola dazugeben und mit Parmesan bestreut servieren.

**Für 4 Portionen**

400 g Rinderfilet
80 g Rucola
40 g Parmesan

FÜR DAS TOMATEN-CHILI-RELISH:

250 g Cherrytomaten
1 rote Chilischote
2 Schalotten
2 Knoblauchzehen
1 EL Olivenöl
1 TL Tomatenmark
Saft von 1 Limette
1 TL Fischsoße
1 EL brauner Zucker
Salz
frisch gemahlener
schwarzer Pfeffer

*Tipp / Dazu passt frisches oder geröstetes Baguette.*

# MENSCHEN BEI NACHT

RAINER MARIA RILKE

Die Nächte sind nicht für die Menge gemacht.
Von deinem Nachbar trennt dich die Nacht,
und du sollst ihn nicht suchen trotzdem.
Und machst du nachts deine Stube licht,
um Menschen zu schauen ins Angesicht,
so musst du bedenken: wem.

Die Menschen sind furchtbar vom Licht entstellt,
das von ihren Gesichtern träuft,
und haben sie nachts sich zusammengesellt,
so schaust du eine wankende Welt
durcheinandergehäuft.
Auf ihren Stirnen hat gelber Schein
alle Gedanken verdrängt,
in ihren Blicken flackert der Wein,
an ihren Händen hängt
die schwere Gebärde, mit der sie sich
bei ihren Gesprächen verstehn;
und dabei sagen sie: *Ich* und *Ich*
und meinen: Irgendwen.

Cremiges Risotto ist nicht nur ein guter Begleiter, sondern kann auch als Hauptspeise serviert werden. Thymian und Zitrone verleihen dem Risotto ein tolles Aroma, das perfekt mit den Ofentomaten harmoniert.

# ZITRONEN-THYMIAN-RISOTTO MIT OFENTOMATEN

**Für 4 Portionen**

FÜR DEN RISOTTO:

**1 Zwiebel**

**80 g Butter**

**300 g Risottoreis**

**125 ml Weißwein**

**1 l Gemüsebrühe**

**5 Zweige Thymian**

**Saft und Abrieb von 1 Bio-Zitrone**

**70 g frisch geriebener Parmesan**

**Salz**

**frisch gemahlener**

**schwarzer Pfeffer**

FÜR DIE OFENTOMATEN:

**5 Zweige Thymian**

**400 g Cherrytomaten**

**4 EL Olivenöl**

**1 Knoblauchzehe, geschält**

**und gepresst**

**1 EL Honig**

**Meersalz**

AUSSERDEM:

**Zahnstocher zum Anstechen**

**frisch geriebener Parmesan**

**zum Servieren**

Für den Risotto die Zwiebel schälen und fein würfeln. Die Hälfte der Butter in einem Topf zerlassen und die Zwiebel darin glasig andünsten. Risottoreis zufügen, rührend andünsten, bis die Körnchen glasig werden, anschließend mit Weißwein ablöschen. Bei starker Hitze unter ständigem Rühren köcheln lassen, bis der Weißwein einreduziert ist. Nach und nach etwas Gemüsebrühe zugießen, dabei immer wieder warten, bis die Flüssigkeit ganz verkocht ist.

Für die Ofentomaten den Ofen auf 200 °C vorheizen. Thymian waschen und trocken schütteln. Die Tomaten mit Rispe auf ein mit Backpapier ausgelegtes Blech geben. Jede Tomate mit einem Zahnstocher anstechen. Olivenöl mit Knoblauch und Honig verrühren und über die Tomaten geben. Mit grobem Meersalz bestreuen und den Thymian dazulegen. Die Tomaten 10–15 Minuten in den Ofen geben.

Für den Risotto den Thymian waschen, trocken schütteln und Blättchen von 3 Zweigen abzupfen, den Rest zum Servieren beiseitelegen. Thymian, Zitronensaft und -abrieb, Parmesan und übrige Butter kurz vor Ende der Garzeit zum Risottoreis geben und unterrühren. Mit Salz und Pfeffer abschmecken.

Den Reis auf Tellern anrichten, die Ofentomaten daraufgeben und mit Parmesan und übrigem Thymian garniert servieren.

**Eine elegante Vorspeise, die jeden Gast begeistert. Der Geschmack des festen, würzig-gegrillten Muschelfleischs mischt sich in wunderbarer Weise mit dem des sahnig-cremigen Pürees, das noch dazu einen frischen grünen Farbakzent setzt. Dazu darf ein Glas Weißwein nicht fehlen.**

# JAKOBSMUSCHELN AUF ERBSENPÜREE

Für das Erbsenpüree die Erbsen auftauen lassen, die Pellkartoffeln schälen und in Stücke schneiden. Die Schalotte schälen und fein würfeln. Das Öl in einem großen Topf erhitzen und die Schalotte darin glasig dünsten, dann die Erbsen zugeben. Mit Brühe und Sahne auffüllen und 4 Minuten köcheln lassen. Zum Schluss die Kartoffeln zugeben und alles mit einem Kartoffelstampfer oder dem Pürierstab zu einem cremigen Püree vermengen. Mit Salz und Pfeffer abschmecken.

Die Muscheln abspülen, trocken tupfen und mit Sesam bestreuen. Olivenöl in einer Grillpfanne erhitzen und die Muscheln darin ca. 4 Minuten anbraten, zwischendurch einmal wenden. Sie sollten im Kern noch glasig sein. Zum Schluss salzen und pfeffern. Das Erbsenpüree auf vier kleine Teller verteilen und jeweils 3 Jakobsmuscheln auf das Püree setzen. Sofort servieren.

**Für 4 Portionen**

FÜR DAS ERBSENPÜREE:
**180 g TK-Erbsen**
**200 g Pellkartoffeln**
**1 Schalotte**
**1–2 EL Rapsöl**
**120 ml Gemüsebrühe**
**40 ml Sahne**
**Salz**
**frisch gemahlener**
**schwarzer Pfeffer**

FÜR DIE MUSCHELN:
**12 küchenfertige Jakobsmuscheln**
**2 EL helle Sesamsamen**
**Meersalz**
**frisch gemahlener**
**schwarzer Pfeffer**

AUSSERDEM:
**Olivenöl zum Braten**

Nacht ist schon hereingesunken
schließt sich heilig Stern an Stern,
große Lichter, kleine Funken
glitzern nah und glänzen fern;
glitzern hier im See sich spiegelnd,
glänzen droben klarer Nacht,
tiefsten Ruhens Glück besiegelnd
herrscht des Mondes volle Pracht.

FAUST II

Der Hokkaido eignet sich hervorragend für Suppenrezepte, da man ihn mit Schale verzehren kann. Die goldgelben Croûtons aus Polenta sorgen für ein knuspriges Topping – wenn die Zeit knapp ist, können aber auch Weißbrotwürfel in etwas Öl gebraten werden.

# KÜRBIS-APFEL-SUPPE MIT POLENTA-CROÛTONS

**Für 6 Personen**

FÜR DIE SUPPE:
2 kleine säuerliche Äpfel
(z. B. Granny Smith)
1 Zwiebel
1 Bund Suppengemüse (Lauch,
Karotten, Sellerie)
1 kleiner Hokkaidokürbis
1 EL Olivenöl
60 ml Apfelessig
30 ml trockener Weißwein
800 ml Gemüsebrühe
1 Lorbeerblatt
Salz
frisch gemahlener
schwarzer Pfeffer
frisch geriebene Muskatnuss
Chilipulver nach Belieben

FÜR DIE POLENTA-CROÛTONS:
125 g Polenta (Maisgrieß)
1 TL Salz
1 EL Butter

AUSSERDEM:
Öl zum Ausbacken der Croûtons
glatte Petersilie zum Garnieren

Für die Croûtons 500 ml Wasser in einem Topf zum Kochen bringen. Die Hitze reduzieren und den Maisgrieß nach und nach einrieseln lassen, dabei stetig in eine Richtung rühren. Hitze ganz herunterschalten und die Polenta 10 Minuten garen lassen. Salz und Butter zufügen und unterrühren. Die Masse in eine Form (15 x 20 cm) geben und glatt streichen. 2 Stunden im Kühlschrank ruhen lassen.

Für die Suppe die Äpfel schälen, vom Kerngehäuse befreien und grob würfeln. Die Zwiebel schälen und würfeln. Das Suppengemüse putzen, ggf. schälen und grob würfeln beziehungsweise den Lauch in Ringe schneiden. Den Kürbis halbieren, die Kerne mit einem Löffel herauskratzen. Das Fruchtfleisch grob würfeln. Olivenöl in einem großen Topf erhitzen und das gesamte Gemüse darin anrösten. Mit Apfelessig und Weißwein ablöschen. Kurz aufkochen lassen, dann die Gemüsebrühe und das Lorbeerblatt zugeben, salzen und pfeffern und mit Muskatnuss und Chili abschmecken. Die Suppe bei mittlerer Hitze 30–40 Minuten köcheln lassen.

Die Suppe etwas abkühlen lassen, das Lorbeerblatt entfernen und die Suppe pürieren.

Die Polenta in 1 cm große Würfel schneiden. Eine Pfanne mit ausreichend neutralem Öl füllen und die Croûtons darin ca. 5 Minuten frittieren.

Die Suppe in Schüsseln geben und mit den Croûtons und etwas Blattpetersilie servieren.

Dieses Gericht birgt ein wenig Magie, denn diese Hauptspeise vereinigt viele Komponenten: saftiges Hähnchenfleisch, würzige Oliven und geröstete Kartoffelstücke, alles in Weißwein geschmort und mit dem intensiven Geschmack des Salbeis gepaart. Eine Speise aus der Provence für besondere Anlässe.

# SALBEIHÄHNCHEN MIT KARTOFFELN UND OLIVEN

Den Backofen auf 220 °C vorheizen. Die Poularde außen und innen mit Salz und Pfeffer einreiben. Salbei abbrausen und trocken tupfen, die Blättchen abzupfen. Einen Großteil der Salbeiblättchen in den Bauch des Huhns stecken. Die Poularde mit Küchenzwirn zusammenbinden, sodass Flügel und Beine dicht am Körper liegen. In eine große rechteckige Auflaufform setzen.

Die Schalotten schälen und vierteln, die Knoblauchzehen schälen und halbieren, die Kartoffeln schälen und würfeln. Alles rund um die Poularde verteilen, zum Schluss die schwarzen Oliven und die restlichen Salbeiblättchen darüberstreuen. Im letzten Schritt alle Zutaten gleichmäßig mit Olivenöl beträufeln.

Die Auflaufform in den Ofen schieben und die Poularde 45 Minuten braten, dann die Temperatur auf 160 °C reduzieren, den Weißwein angießen und das Huhn weitere 20–25 Minuten sanft schmoren lassen.

Herausnehmen, am Tisch tranchieren und mit den Beilagen aus der Auflaufform servieren.

**Für 4 Portionen**

1 Bio-Poularde (ca. 2 kg)
Salz
frisch gemahlener
schwarzer Pfeffer
5 Stängel Salbei
3 Schalotten
4 Knoblauchzehen
500 g Kartoffeln
80 g schwarze Oliven ohne Stein
Olivenöl
125 ml Weißwein

AUSSERDEM:
**Küchenzwirn**

look up and get lost

Der Klassiker unter den französischen Desserts ist weltberühmt für seine Karamellkruste. Um zur süßen Creme zu gelangen, muss die Schicht genussvoll mit dem Löffel geknackt werden. Mit Espresso-Sahne verfeinert, sorgt dieses Dessert außerdem für wache Augen in langen Party-Nächten.

# ESPRESSO-CRÈME-BRÛLEÉ

**Für 4 Portionen**

FÜR DIE CRÈME BRÛLEÉ:
**1 Vanilleschote**
**200 ml Sahne**
**150 ml Milch**
**50 g Espressobohnen**
**5 Eigelb**
**60 g brauner Zucker**

AUSSERDEM:
**20 g brauner Zucker**
**zum Bestreuen**

Den Backofen auf 140 °C vorheizen. Vanilleschote längs halbieren und das Mark herauskratzen. Sahne und Milch in einen Topf geben, Espressobohnen und Vanilleschote zugeben und alles langsam aufkochen. Vom Herd nehmen und abkühlen lassen. Durch ein Sieb geben und dabei die Espressobohnen und die Vanilleschote entfernen.

Eigelbe mit Zucker in einer Schüssel verrühren, dann langsam die Espresso-Sahne zugeben und mit dem Vanillemark unterrühren. Der Zucker sollte sich vollständig aufgelöst haben.

Die Masse in 4 ofenfeste Förmchen oder Tassen geben, diese in eine Fettpfanne stellen. Kochendes Wasser in die Fettpfanne gießen, bis es zur Hälfte der Förmchenhöhe reicht. In den Ofen schieben und in ca. 1 Stunde und 15 Minuten stocken lassen.

Herausnehmen, mit Zucker bestreuen und diesen mit einem Gourmet-Brenner oder unter dem Backofengrill karamellisieren.

Schwarzer Reis wird nicht geschält, sondern behält nach der Ernte seine schützende Hülle, das macht ihn zu einer gesunden, kernigen Vollkorn-Alternative zu weißen Reissorten. Für leuchtende Farbe sorgt die edle Soße, die durch Safran und Kurkuma nicht nur für einen tollen Kontrast zum schwarzen Reis sorgt, sondern auch einen ganz besonderen Geschmack entfaltet.

# SCHWARZER REIS MIT ZANDER UND SAFRANSOSSE

Den Backofen auf 100 °C vorheizen. Den schwarzen Reis in ausreichend gesalzenem Wasser nach Packungsangabe bissfest kochen. Die Frühlingszwiebeln putzen und in feine Ringe schneiden.

Für den Zander Butter und Olivenöl in einer Pfanne erhitzen. Die Zanderfilets abspülen, trocken tupfen, salzen, mehlieren und mit der Hautseite nach unten in die heiße Pfanne geben. 3–4 Minuten anbraten, dann wenden, Knoblauch in die Pfanne geben und den Zander weitere 2–3 Minuten fertig garen. Den Fisch in Alufolie wickeln und im Ofen warm stellen. Ggf. noch etwas Öl in die Pfanne geben und die Frühlingszwiebeln darin 5 Minuten dünsten. Mit Salz und Pfeffer würzen.

Für die Safransoße die Butter in einem Topf zerlassen, das Mehl einrühren und den Fischfond unter Rühren zufügen. Kurz aufkochen lassen, dann den Weißwein zugießen. 5 Minuten köcheln lassen, Sahne zugeben und weitere 5 Minuten köcheln lassen. Zum Ende der Kochzeit Safran und Kurkuma zugeben und die Soße mit Zitronensaft, Salz und Pfeffer abschmecken.

Die Safransoße mit dem Reis auf Tellern anrichten, die Fischfilets halbieren und mit den Frühlingszwiebeln auf dem Reis platzieren. Mit Zitronenspalten servieren.

**Für 4 Portionen**

250 g schwarzer Reis
Salz
3 Frühlingszwiebeln
2 EL Butter
1 EL Olivenöl + ggf. noch etwas mehr
4 Zanderfilets
1 EL Mehl
2 Knoblauchzehen, geschält
und angedrückt
frisch gemahlener
schwarzer Pfeffer

FÜR DIE SAFRANSOSSE:
20 g Butter
15 g Mehl
150 ml Fischfond
50 ml trockener Weißwein
150 ml Sahne
1 g gemahlener Safran
1 Msp. Kurkuma
1 EL Zitronensaft
Salz
frisch gemahlener weißer Pfeffer

AUSSERDEM:
Zitronenspalten zum Servieren

# NACHT IST WIE EIN STILLES MEER ...

JOSEPH VON EICHENDORFF

Wünsche wie die Wolken sind,
Schiffen durch die stillen Räume,
Wer erkennt im lauen Wind,
Ob's Gedanken oder Träume? ...

Das ideale Rezept für ein entspanntes Dinner: Denn was gut schmeckt, muss nicht immer aufwendig sein. Die Zutaten für das Ofengemüse können je nach Saison nach Belieben variiert werden, im Sommer eignen sich auch Tomaten, Zucchini oder Auberginen, die mit mediterranen Kräutern gewürzt werden.

# LAMMLACHSE MIT OFENGEMÜSE

**Für 4 Portionen**

FÜR DAS OFENGEMÜSE:
**4 Pimentkörner**
**4 Korianderkörner**
**1 Wacholderbeere**
**1 Nelke**
**½ Lorbeerblatt**
**Chiliflocken**
**Salz**
**5 Pfefferkörner**
**1 Prise Rohrohrzucker**
**500 g frische Rote Bete**
**250 g Pastinaken**
**500 g Karotten**
**4 EL Olivenöl**
**200 g Feta**

FÜR DIE LAMMLACHSE:
**600 g Lammlachse**
**Salz**
**frisch gemahlener**
**schwarzer Pfeffer**
**2 Zweige Rosmarin + 4 Zweige**
**zum Garnieren**
**2 Zweige Thymian**
**2 EL Olivenöl**

Den Backofen auf 180 °C vorheizen. Für das Ofengemüse Piment, Koriander, Wacholderbeere und Nelke in einer Pfanne ohne Fett kurz anrösten, bis sie zu duften beginnen. Die übrigen Gewürze und den Zucker dann mit den angerösteten Gewürzen im Mörser fein zermahlen.

Rote Bete, Pastinaken und Karotten putzen, schälen und in grobe Würfel schneiden. Das Gemüse in eine große Schüssel geben, Olivenöl und die Gewürzmischung zufügen und alles gründlich vermengen. Auf einem mit Backpapier ausgelegten Blech verteilen und 40–50 Minuten im Ofen rösten.

Die Lammlachse in der Zwischenzeit mit Küchenkrepp trocken tupfen und mit Salz und Pfeffer würzen. Kräuter waschen und trocken schütteln. Olivenöl in einer Pfanne erhitzen und das Fleisch mit den Kräutern von jeder Seite ca. 2 Minuten kräftig anbraten. Herausnehmen, in Alufolie wickeln und für 8 Minuten mit in den Ofen geben.

Das Fleisch mit dem Ofengemüse auf Tellern anrichten. Den Feta mit den Händen grob zerbröseln und auf das Gemüse geben. Mit je 1 Rosmarinzweig garnieren.

Tipp / Dazu passen frisches Ciabatta und selbst gemachte Kräuterbutter.

Champagner eignet sich nicht nur zum Anstoßen wunderbar, sondern auch für ein eiskaltes Dinnerfinale. Das Sorbet gelingt ganz ohne Eismaschine – damit keine groben Eiskristalle entstehen, sollte es aber während des Gefrierens regelmäßig durchgerührt werden.

# ZITRONEN-CHAMPAGNER-SORBET MIT GRANATAPFEL

Champagner, Zitronen- und Granatapfelsaft mit Zucker und Zitronenabrieb in einen Topf geben. Bei mittlerer Hitze erwärmen, bis sich der Zucker aufgelöst hat. Vom Herd nehmen und abkühlen lassen.

Das Eiweiß steif schlagen und zur Flüssigkeit geben. Das Gemisch in ein geeignetes Plastikgefäß geben und ins Gefrierfach stellen, dabei zwischendurch regelmäßig mit einer Gabel durchziehen und vor dem Servieren kurz antauen lassen.

Mit einem Eisportionierer Kugeln formen und in vier Gläser geben. Mit Granatapfelkernen bestreut servieren.

**Für 4–6 Portionen**

**100 ml Champagner**
**100 ml Zitronensaft**
**225 ml Granatapfelsaft**
**230 g Zucker**
**Abrieb von 1 Zitrone**
**1 Eiweiß**

AUSSERDEM:
**Kerne von 1 Granatapfel**
**zum Servieren**

# STERNENHIMMEL

### MITTERNACHTSSNACK

we are all made of
*stardust*

Der perfekte Cocktail, wenn die Nacht noch voller Versprechen ist. Als „Wake me up and then fuck me up"-Cocktail hat der Espresso Martini in den 1980er-Jahren einige Berühmtheit erlangt. Die Grundzutaten sind in der Regel gleich: Wodka, Kaffeelikör, Espresso. Ansonsten sind der Fantasie keine Grenzen gesetzt.

# ESPRESSO MARTINI

Die Hälfte der Zutaten in einen Shakerbecher auf Eis geben. Ordentlich shaken und dann durch ein Teesieb in eine gekühlte Cocktailschale gießen. Nach Belieben mit Schokoraspeln oder Kakaopulver garnieren. Den zweiten Cocktail ebenso zubereiten, sofort servieren.

**Für 2 Cocktailschalen**

10 cl Wodka
2 cl Kaffeelikör
2 Shots Espresso, abgekühlt
Zuckersirup nach Geschmack

AUSSERDEM:
Eiswürfel
Schokoraspel zum Bestreuen
nach Belieben
Kakaopulver zum Bestäuben
nach Belieben

Wenn die Sterne am hellsten funkeln und die Nacht ihre ganze Magie entfaltet, hat die Mitternachtssuppe ihren großen Auftritt. Zu später Stunde beglückt sie mit feuriger spanischer Chorizo und gibt neue Energie für das Partyfinale.

# MITTERNACHTSSUPPE MIT CHORIZO

**Für 6 Portionen**

250 g Chorizo
1 Zwiebel
2 Knoblauchzehen
2 EL Olivenöl
2 EL Tomatenmark
250 ml Gemüsebrühe
200 g stückige Tomaten (Dose)
500 g Kidneybohnen (Dose)
1 EL brauner Zucker
Saft von ½ Zitrone
Salz
frisch gemahlener
schwarzer Pfeffer

AUSSERDEM:
½ Bund glatte Petersilie
zum Servieren
1 Avocado zum Servieren
150 g Crème fraîche
zum Servieren

Chorizo in Scheiben schneiden. Zwiebel schälen und fein würfeln. Knoblauch schälen und pressen. Die Chorizo in einem Bräter in Olivenöl ca. 10 Minuten anbraten. Dann die Zwiebel zufügen und 5 Minuten mitbraten. Knoblauch und Tomatenmark zufügen. Kurz anrösten, dann mit Gemüsebrühe ablöschen. Tomaten, Kidneybohnen und braunen Zucker zufügen und alles 30 Minuten köcheln lassen.

Petersilie waschen, trocken schütteln und hacken. Avocado schälen, halbieren, entkernen und in Spalten schneiden.

Die Suppe mit Zitronensaft, Salz und Pfeffer abschmecken. In Schüsseln füllen, je 1 EL Crème fraîche in die Mitte geben. Avocadospalten daraufgeben und mit Petersilie bestreut servieren.

Die besten Mitternachtssnacks sind ungeplant! Man macht den Kühlschrank auf und schaut, was man aus den alltäglichen Resten zaubern kann. Ein sehr dankbarer Snack sind da diese Quesadillas, die ratzfatz fertig sind. Die Merguez lässt sich durch gekochten Schinken ersetzen, statt Tomaten und Paprika funktioniert jegliches andere Gemüse und auch der Cheddar kann nach Belieben abgewandelt werden.

# SPONTANE QUESADILLAS

Die Merguez in mundgerechte Stücke schneiden. Eine große Pfanne erhitzen und die Merguez braten, bis sie dunkelrot ist und brutzelt. Aus der Pfanne nehmen und auf Küchenpapier abtropfen lassen. Einen Teil des Fetts abgießen und beiseitestellen, der Rest verbleibt in der Pfanne, um darin später die erste Quesadilla zu braten.

Die Frühlingszwiebeln putzen, in feine Ringe schneiden und zum späteren Garnieren beiseitelegen. Den Knoblauch schälen und pressen. Die Tomaten klein würfeln, die Paprika putzen, von Samen und Scheidewänden befreien und in sehr feine Streifen schneiden. Knoblauch, Tomaten und Paprika miteinander vermischen, salzen und pfeffern.

Ein Viertel der Tomaten-Paprika-Mischung auf einen der Wraps geben, mit einem Viertel der Merguez belegen und mit etwas Cheddar bestreuen. Einen zweiten Wrap darauflegen und behutsam andrücken. Die Quesadilla in die Pfanne geben und bei starker Hitze von jeder Seite 2 Minuten braten, bis sie goldbraun ist. Die weiteren drei Quesadillas ebenso zubereiten, dafür das aufbewahrte Merguez-Fett verwenden. Falls es nicht reicht, die übrigen Quesadillas einfach in Rapsöl braten.

Die Quesadillas in Tortenstücke schneiden und mit den Frühlingszwiebelringen bestreut servieren.

**Für 4 Portionen**

300 g Merguez
1 Knoblauchzehe
300 g Kirschtomaten
1 rote Paprikaschote
Salz
frisch gemahlener
schwarzer Pfeffer
8 Tortilla-Wraps
150 g geriebener Cheddar

AUSSERDEM:
2 Frühlingszwiebeln
zum Garnieren
ggf. Rapsöl zum Braten

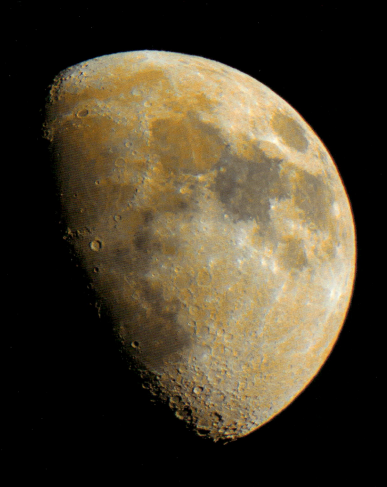

Cantuccini, Panettone und Amarettini: Italienisches Gebäck ist einzigartig. So auch diese Mandeltarte, die unglaublich schokoladig schmeckt, durch den Eischnee jedoch gar nicht schwer, sondern fluffig-leicht ist. Und mit Vanilleeis serviert schmeckt sie noch viel besser.

# MANDELKUCHEN NOTTE DI LUNA

**Für 1 Springform (Ø 20 cm)**

FÜR DEN TEIG:
**150 g blanchierte Mandeln**
**150 g Zartbitterschokolade**
**4 Eier**
**150 g Rohrohrzucker**
**1 Pck. Vanillezucker**
**Abrieb von 1 Bio-Zitrone**

AUSSERDEM:
**Butter und Semmelbrösel**
**für die Form**
**Puderzucker zum Bestäuben**
**Vanilleeis zum Servieren**
**nach Belieben**

Den Backofen auf 175 °C vorheizen, die Springform einfetten und mit Semmelbröseln ausstreuen, überschüssige Brösel herausklopfen.

Für den Teig die Mandeln und die Schokolade nacheinander in einem leistungsstarken Mixer oder einem Blitzhacker fein mahlen bzw. zerkleinern. Die Eier trennen. Eigelbe mit Zucker und Vanillezucker schaumig aufschlagen. Dann die Mandel-Schoko-Mischung und den Zitronenabrieb untermengen.

Die Eiweiße steif schlagen und mit einem Holzlöffel sorgfältig, aber nicht zu kräftig unter die Mischung heben. Den Teig in die Form füllen und im heißen Ofen ca. 50 Minuten backen. Herausnehmen und abkühlen lassen. Vorsichtig aus der Form lösen und mit Puderzucker bestäuben. Nach Wunsch mit Vanilleeis servieren.

Dieser Salat ist von der orientalischen Küche inspiriert und erhält seinen Charakter durch drei typische 1001-Nacht-Gewürze: Zimt, Curry und Kreuzkümmel. Er lässt sich prima vorbereiten und sättigt durch die Menge an Kichererbsen ordentlich – damit sind wohl alle Ansprüche an einen leckeren After-Party-Snack erfüllt!

# 1001-NACHT-KICHERERBSENSALAT

Den Knoblauch und die Schalotten schälen und fein hacken, Staudensellerie putzen und in kleine Würfel schneiden, die Tomaten vom Stielansatz befreien und würfeln. Die Petersilie abbrausen, trocken tupfen und fein hacken. Die Kichererbsen unter klarem Wasser abspülen und abtropfen lassen.

Das Öl in einer großen Pfanne bei hoher Temperatur erhitzen und die Cashews darin in ca. 3 Minuten goldbraun rösten. Beiseitestellen und das Bratfett in der Pfanne belassen.

Die Temperatur reduzieren und den Knoblauch und die Gewürze 1 Minute anbraten, dann die Kichererbsen zugeben und weitere 2 Minuten unter Rühren braten. Anschließend in eine große Servierschüssel füllen.

Schalotten, Staudensellerie, Tomaten, Petersilie und Zitronensaft zugeben, alles sorgfältig vermengen und mit Salz und Pfeffer abschmecken. Auf vier Tellern anrichten und mit den gerösteten Cashews bestreut servieren.

**Für 4 Portionen**

1 Knoblauchzehe
2 Schalotten
1 Stange Staudensellerie
3 Tomaten
3 Stängel glatte Petersilie
450 g Kichererbsen
80 g Cashewkerne
2 TL Curry
1 TL Kreuzkümmel
½ TL Zimt
2 TL Zitronensaft
Salz
frisch gemahlener
schwarzer Pfeffer

AUSSERDEM:
**Rapsöl zum Braten**

# MONDSCHEINSONATE

MARCEL PROUST

Ich öffnete die Augen. Sehr bleich und sehr strahlend, so breitete sich mein Traum rings um mich aus. Die Mauer, gegen die ich schlafend mich gelehnt hatte, stand im vollstem Licht, der Schatten des Efeus zeichnete sich der Länge nach ebenso kräftig ab wie um vier Uhr nachmittags. Das Blätterwerk einer holländischen Pappel ward von einem kaum wahrnehmbaren Hauche zurückgebogen und glitzerte hell. Man sah Wellen und weiße Segel auf dem Meere, der Himmel war klar, der Mond aufgestiegen. Leichte Wolken schleierten auf kurze Augenblicke über ihn, aber dann färbten sie sich mit blauen Tönen, deren Blässe tief war wie der Scheinkörper der Quallen oder das Herz eines Opals. Überall flimmerte klares Licht, doch konnte ich es nirgends fassen. Selbst auf dem Rasen, der bis zur Spiegelung stark glänzte, blieb ein Rest Dunkelheit. Die Bäume, ein Graben waren absolut schwarz.

Den Kern dieses leckeren fleischlosen Burger-Rezepts bilden die marinierten Riesen-champignons, die durch die Sojasoße einen besonders intensiven Geschmack erhalten. Wer seine Burger-Brötchen gern selbst backen möchte, findet dazu ein Rezept auf Seite 112.

# VEGETARISCHE PILZBURGER

**Für 4 Portionen**

**FÜR DIE AIOLI:**
3 Knoblauchzehen, geschält
und fein gehackt
50 ml Milch
1 frisches Eigelb (Größe M)
2 TL Dijon-Senf
1 TL Zitronensaft
2 Msp. Paprikapulver edelsüß
Meersalz
150 ml Olivenöl + ggf. etwas mehr
frisch gemahlener weißer Pfeffer

**FÜR DIE PILZE:**
8 Riesenchampignons
3 EL Sojasoße
2 EL Olivenöl
½ TL Pimentón picante
1 EL Honig oder Ahornsirup
frisch gemahlener schwarzer Pfeffer

**AUSSERDEM:**
60 g Rucola
2 Tomaten
Öl zum Braten
4 Hamburgerbrötchen
Srirachasoße zum Beträufeln
Radieschensprossen
zum Garnieren

Für die Aioli alle Zutaten Zimmertemperatur annehmen lassen. Den Knoblauch mit Milch, Eigelb, Senf, Zitronensaft, Paprikapulver und Salz in einen Mixer füllen und schaumig schlagen. Dann das Olivenöl zunächst tröpfchenweise (wirklich Tropfen für Tropfen, eine Aioli braucht Geduld, denn es dauert, bis die Zutaten emulgieren), anschließend langsam in dünnem Strahl zugeben und so lange mixen, bis eine cremige Mayonnaise entsteht. Mit Pfeffer abschmecken. Beiseitestellen.

Die Pilze putzen, Stiele entfernen. Sojasoße, Olivenöl, Pimentón picante, Honig bzw. Ahornsirup und Pfeffer zu einer Marinade verrühren und die Pilze damit beträufeln. Ca. 2 Stunden in der Marinade ziehen lassen.

In der Zwischenzeit den Rucola abbrausen und trocken tupfen, die Tomaten vom Stielansatz befreien und in Scheiben schneiden. In einer Grillpfanne das Öl erhitzen und die Pilze darin ca. 10 Minuten braten, zwischendurch wenden. Herausnehmen. Die Hamburgerbrötchen je nach Produkt einige Minuten bei 180 °C im Ofen aufbacken oder halbieren, die Schnittseiten mit etwas Öl bestreichen und die Brötchen kurz in der Pfanne anrösten.

Alle acht Brötchenhälften großzügig mit Aioli bestreichen. Auf die unteren Seiten erst einige Blätter Rucola und dann jeweils 2 Champignons legen, zum Schluss Tomatenscheiben oben-auf legen, mit Sriracha beträufeln und die Sprossen als Topping daraufgeben, mit den oberen Brötchenhälften bedecken. Sofort servieren.

# BURGER BUNS

**Für 4 Burger**

100 ml warmes Wasser
2 EL Milch
1/2 Würfel frische Hefe
20 g Zucker
4 g Salz
40 g Butter
1 Ei
250 g Dinkelmehl
Sesam zum Bestreuen

Den Backofen auf 200 °C vorheizen. Für die Buns Wasser, Milch, Hefe, Zucker und Salz in einer Schüssel vermengen und 5 Minuten ruhen lassen. Butter schmelzen und abkühlen lassen. Das Ei verquirlen und die Hälfte der Eimasse zusammen mit den übrigen Zutaten zum Teig geben (den Rest beiseitestellen). Zu einem geschmeidigen Teig verarbeiten und ½ Stunde abgedeckt gehen lassen.

Den Teig in 4 Portionen teilen und mit den Händen 4 Buns daraus formen. Auf ein mit Backpapier ausgelegtes Blech setzen und weitere 15 Minuten gehen lassen. Mit dem übrigen verquirlten Ei bepinseln und mit Sesam bestreuen. Im Ofen 15–20 Minuten backen.

Grünkohl erlebt gerade seine Renaissance. Das grüne Gold des Winters ist wieder in Mode gekommen und wird längst nicht mehr nur mit Pinkelwurst serviert. Jetzt gibt's den leckeren Kohl
als Salat, Auflauf oder Quiche. Diese Variante ist vegetarisch, aber man kann auch 100 g Speck
mit den Zwiebeln und dem Kohl anbraten – schmeckt ebenfalls köstlich.

# GRÜNKOHLQUICHE MIT ZIEGENKÄSE

Die Butter in Stücke schneiden. Mit dem Mehl in eine Rührschüssel geben und beides rasch mit den Händen vermischen.
Das Wasser zufügen, bis ein geschmeidiger Teig entsteht. Falls
der Teig zu sehr klebt, noch etwas Mehl zugeben. 30 Min. kalt
stellen.

In der Zwischenzeit den Belag zubereiten. Die Grünkohlblätter
abzupfen und grob hacken. In einem großen Topf in leicht gesalzenem Wasser ca. 3 Min. blanchieren. Durch ein Sieb abgießen.

Die Zwiebel schälen und in dünne Scheiben schneiden.
Die Butter in einer Pfanne erhitzen und die Zwiebel und den
Kohl darin andünsten, salzen und pfeffern.

Den Backofen auf 200 °C vorheizen, den Teig auf der bemehlten
Arbeitsfläche ausrollen, in eine Quicheform legen und mit einer
Gabel einstechen. Im heißen Ofen 10 Min. vorbacken. Währenddessen die Walnüsse grob hacken und Eier, Sahne und Milch
verquirlen.

Die Kohlmischung auf dem vorgebackenen Boden verteilen,
die Eiermischung darübergießen und den Ziegenkäse darüber-
bröckeln. Zum Schluss die Quiche mit den Walnüssen bestreuen
und im unteren Drittel des Ofens in ca. 35 Min. fertig backen.
In passende Stücke – oder in kleine Rauten als Fingerfood –
schneiden und sofort servieren.

**Für 8 Portionen**

FÜR DEN TEIG:
150 g Butter
200 g Mehl + ggf. etwas mehr
ca. 4 EL kaltes Wasser

FÜR DEN BELAG:
250 g Grünkohl
Salz
1 Zwiebel
1 EL Butter
frisch gemahlener
schwarzer Pfeffer
100 g Walnüsse
3 Eier
150 ml Sahne
150 ml Milch
150–200 g Ziegenkäse

AUSSERDEM:
Mehl zum Verarbeiten

RICHARD DEHMEL

# BALLNACHT

Prunkende Klänge,
Tanz und Geflirre.
Stumm im Gedränge
steh ich und irre.
Steh ich und starre, suche nach dir,
und weiß und weiß doch, du bist nicht hier.

Alle die Blicke,
was sie wohl plaudern,
die Händedrücke,
die Hast, das Zaudern.
Immer verworrener, wie im Traum,
fremder und fremder rauscht der Raum.

Köpfe wiegen sich,
Füße schweben,
Arme biegen sich:
sinnlos Leben.
Sterbende Blumen, wehtuendes Licht,
seltne Juwelen, nur Seelen nicht.

Wie blaß die Sterne
durchs Fenster blinken!
O könnt ich ferne
jetzt hinsinken
mit ihren Strahlen zu dir, zu dir,
die du im Traum noch fühlst mit mir!

Herrlich! Frisches Brot in Stücke zupfen und in den cremigen, fast flüssigen Brie tauchen, die Süße des Honigs auf der Zunge spüren, das intensive Aroma des Rosmarins schmecken, die gerösteten Nüsse genüsslich knuspern … Und dann wieder das frische Brot in den köstlichen Brie tunken, die Süße des Honigs …

# MIDNIGHT-BRIE MIT ROSMARIN UND NÜSSEN

**Für 4–6 Portionen**

ca. 150 g gemischte Nüsse
(am besten Walnüsse, Pecannüsse
und Haselnüsse)
1 runder Brie (ca. 500 g)
2–3 EL Honig
3 Zweige Rosmarin

AUSSERDEM:
1 Feige zum Garnieren

Den Backofen auf 200 °C vorheizen. Die Nüsse in einer Pfanne ohne Fett rösten, bis sie zu duften beginnen.

Den Brie in eine ofenfeste Form geben und ca. 10 Minuten backen. In der Zwischenzeit die Feige in Spalten schneiden. Den Honig in einer Pfanne erwärmen, 1 Rosmarinzweig zugeben, damit er etwas Geschmack abgibt, dann aber wieder entfernen.

Den Brie aus dem Ofen nehmen, mit den Nüssen bestreuen und den Honig darüberträufeln. Mit dem restlichen Rosmarin, nach Belieben die Nadeln abgezupft, und den frischen Feigenspalten garnieren und servieren.

Tipp / Zum Midnight-Brie frisches Brot,
Cracker oder Grissini (s. S. 22) reichen.

# SCHWARZE PIZZASTERNE MIT GARNELEN

Die Aktivkohle mit dem Wasser anrühren, die Hefe hineinbröseln und mit dem Schneebesen rühren, bis sie sich gelöst hat. Mehl und Salz in einer Schüssel mischen, dann die aufgelöste Kohle-Hefe-Mischung zugeben und mit bemehlten Händen gut vermengen. Den Teig weitere 10 Minuten auf der bemehlten Arbeitsfläche kneten. In zwei Portionen teilen und in zwei Rührschüsseln abgedeckt ca. 5 Stunden an einem warmen Ort gehen lassen. Dann die beiden Teigkugeln auf der bemehlten Arbeitsfläche erneut durchkneten, anschließend abgedeckt noch mal mind. 1 Stunde an einem warmen Ort ruhen lassen.

In der Zwischenzeit die Garnelen auftauen lassen. Für den Belag Crème fraîche einmal aufkochen, das Mehl unterrühren und noch 1 Minute bei geringer Hitze köcheln, abkühlen lassen.

Den Backofen auf 250 °C vorheizen. Die beiden Teigportionen auf der Arbeitsfläche zu zwei großen Kreisen ausrollen (ca. 30 cm), auf bemehlte Pizzaplatten oder mit Backpapier ausgelegte Backbleche legen und jeweils acht Einschnitte von außen zur Mitte hin vornehmen.

Die beiden Pizzen jeweils mit 4–5 EL Crème fraîche bestreichen, großzügig Fleur de Sel und Pfeffer daraufstreuen, zum Schluss die Garnelen trocken tupfen und auf den Pizzen verteilen. Die Ecken der acht Teigstreifen jeweils nach innen falten, sodass eine Sternform entsteht. Die Pizzen im heißen Ofen in 10–12 Minuten knusprig backen.

In der Zwischenzeit den Dill abbrausen und trocken tupfen, 2 Stängel beiseitelegen. Den Rest fein hacken, mit dem Olivenöl vermischen, kräftig mit Salz und Pfeffer würzen. Den Knoblauch schälen und dazupressen. Die Pizzasterne herausnehmen, mit dem Dillöl beträufeln und mit den Dillstängeln garniert servieren.

**Für 2 Pizzasterne**

FÜR DEN TEIG:
**4 g Aktivkohle (in der Apotheke erhältlich)**
**250 ml lauwarmes Wasser**
**5 g frische Hefe**
**500 g Mehl**
**10 g Salz**

FÜR DEN BELAG:
**ca. 180 g TK-Garnelen (ca. 12 Stück pro Pizzastern)**
**200 g Crème fraîche**
**½ EL Mehl**
**Fleur de Sel**
**frisch gemahlener weißer Pfeffer**

FÜR DAS DILLÖL:
**½ Bund Dill**
**60 ml Olivenöl**
**Salz**
**frisch gemahlener schwarzer Pfeffer**
**1 Knoblauchzehe**

AUSSERDEM:
**Mehl zum Verarbeiten**

moon dust in your lungs,
stars in your eyes,
you are a child of the cosmos,
a ruler of the skies

Zoodles sind Gemüsenudeln aus Zucchini, ein Foodtrend, der sich schon eine ganze Weile hält. Das wundert uns nicht, denn Zoodles sind im Gegensatz zu ihrer berühmten Schwester Spaghetti sehr kalorienarm und dabei ebenso vielseitig. Sie lassen sich mit allerlei Soßen kombinieren, bei uns gibt's eine leckere Asia-Variante.

# ZOODLE-ERDNUSS-SALAT

**Für 4 Portionen**

FÜR DEN SALAT:

2 große Zucchini

1 Frühlingszwiebel

FÜR DAS DRESSING:

1 Knoblauchzehe

1 Stück Ingwer (ca. 1 cm)

60 g Erdnussbutter

2 EL Reisessig

2 EL Sojasoße

1 EL Sesamöl

½ TL Sambal Oelek

Salz

frisch gemahlener

schwarzer Pfeffer

AUSSERDEM:

50 g geröstete ungesalzene

Erdnüsse zum Bestreuen

schwarze Sesamsamen

zum Bestreuen

Die Zucchini mit einem Spiral- oder Julienneschneider in feine Streifen schneiden. Die Zoodles mit kochendem Wasser übergießen und 1 Minute ziehen lassen. Anschließend abgießen und sorgfältig trocken tupfen. Die Frühlingszwiebel in feine Ringe schneiden, die Erdnüsse fein hacken.

Für das Dressing den Knoblauch schälen und pressen, den Ingwer fein reiben. Mit den weiteren Zutaten zu einem Dressing verrühren. Die Zoodles und die Frühlingszwiebeln damit vermischen. Den Salat auf vier kleinen Tellern anrichten und mit Erdnüssen und Sesam bestreut servieren.

Der wohl populärste Mitternachtssnack, ob aus Berlin oder dem Ruhrgebiet, ob am Imbiss oder zu Hause verzehrt. Eine leckere Currywurst in würzig-cremiger Soße geht immer. Wirklich immer. Und vor allem nachts! Schmeckt mit Kaiserbrötchen, die man prima in die Soße tunken kann, oder – wenn der Nachthunger riesig ist – mit Pommes frites.

# CURRYWURST FÜR NACHTSCHWÄRMER

Für die Soße die Zwiebel schälen und sehr fein würfeln. Zucker in einen kleinen Topf geben und erhitzen, bis er schmilzt. Zwiebelwürfel darin andünsten und leicht bräunen. Tomatenmark einrühren, 100 ml Wasser und den Apfelsaft zugießen. Alles einmal aufkochen lassen. Topf vom Herd nehmen und Worcestersoße, 3 EL Curry, Paprika und Chili einrühren, kräftig mit Salz und Pfeffer abschmecken. Die Currysoße beiseitestellen.

Mit einer scharfen Messerspitze in die Haut der Bratwürste piksen, damit sie beim Braten nicht aufplatzen. Rote Zwiebeln schälen und halbieren. Petersilie abbrausen, trocken tupfen und grob hacken. Das Rapsöl in einer großen Pfanne erhitzen und die Würste darin in einigen Minuten braten, dabei mehrfach wenden. Die Zwiebeln kurz in der Pfanne mit andünsten. Zum Servieren die Würste in Scheiben schneiden und mit den roten Zwiebeln abwechselnd auf die Spieße stecken. Die Currysoße darüberträufeln, mit Petersilie bestreuen und mit dem restlichen Currypulver bestreuen.

**Für 4 Portionen**

FÜR DIE CURRYSOSSE:
1 große Zwiebel
3 EL Zucker
75 g Tomatenmark
150 ml Apfelsaft
1,5 EL Worcestersoße
6 EL Currypulver
1,5 TL Paprikapulver edelsüß
2 TL Paprikapulver rosenscharf
1–2 Msp. Chilipulver
Salz
frisch gemahlener
schwarzer Pfeffer

AUSSERDEM:
4 frische feine Bratwürste
4 rote Zwiebeln
4 Stängel Blattpetersilie
Rapsöl zum Braten
Holzspieße

# Der kleine
## PRINZ

ANTOINE DE SAINT-EXUPÉRY

Er sagte: »Was wichtig ist, sieht man nicht …«

»Gewiss …«

»Das ist wie mit der Blume. Wenn du eine Blume liebst, die auf einem Stern wohnt, dann ist es schön, in der Nacht den Himmel zu beobachten. Alle Sterne sind voll Blumen.«

»Gewiss …«

»Das ist wie mit dem Wasser. Was du mir zu trinken gabst, war wie Musik, die Winde und das Seil … du erinnerst dich … Es war gut.«

»Gewiss …«

»Du wirst in der Nacht die Sterne anschauen. Mein Zuhause ist zu klein, um dir zu zeigen, wo es sich befindet. Es ist besser so. Mein Stern wird für dich einer der Sterne sein. Dann wirst du alle Sterne gern anschauen … Alle werden sie deine Freunde sein. Und dann werde ich dir ein Geschenk machen …«

Er lachte noch.

»Ach! Kleines Kerlchen, kleines Kerlchen! Ich höre dieses Lachen so gern!«

»Gerade das wird mein Geschenk sein … Es wird sein wie mit dem Wasser …«

»Was willst du sagen?«

»Die Leute haben Sterne, aber es sind nicht die gleichen. Für die einen, die reisen, sind die Sterne Führer. Für andere sind sie nichts als kleine Lichter. Für wieder andere, die Gelehrten, sind sie Probleme. Für meinen Geschäftsmann waren sie Gold. Aber alle diese Sterne schweigen. Du, du wirst Sterne haben, wie sie niemand hat …«

»Was willst du sagen?«

»Wenn du bei Nacht den Himmel anschaust, wird es dir sein, als lachten alle Sterne, weil ich auf einem von ihnen wohne, weil ich auf einem von ihnen lache. Du allein wirst Sterne haben, die lachen können!«

Und er lachte wieder.

»Und wenn du dich getröstet hast (man tröstet sich immer), wirst du froh sein, mich gekannt zu haben. Du wirst immer mein Freund sein. Du wirst Lust haben, mit mir zu lachen. Und du wirst manchmal dein Fenster öffnen, gerade so, zum Vergnügen … Und deine Freunde werden sehr erstaunt sein, wenn sie sehen, dass du den Himmel anblickst und lachst. Dann wirst du ihnen sagen: ›Ja, die Sterne, die bringen mich immer zum Lachen!‹ Und sie werden dich für verrückt halten. Dann werde ich dir einen hübschen Streich gespielt haben …« *

Über die Herkunft des Wortes Pumpernickel ist man sich zwar nicht ganz einig, sicher ist jedoch, dass das sogenannte Schwarzbrot einen einzigartigen Geschmack hat, für den es über die Grenzen von Westfalen hinaus bekannt ist. Das Brot aus Roggenschrot lässt sich durch seine leichte Süße auch für Desserts verwenden und schmeckt wunderbar als knuspriges Topping auf der Zabaione-Mousse.

# ZABAIONE-MOUSSE MIT PUMPERNICKEL-CRUNCH

**Für 4 Portionen**

**FÜR DIE ZABAIONE-MOUSSE:**
4 Eigelb
120 g Zucker
1 Prise Zimt
1 Prise gemahlener Sternanis
10 cl trockener Marsala
(ital. Likörwein)
250 ml Sahne
4 Löffelbiskuits

**FÜR DEN PUMPERNICKEL-CRUNCH:**
2 Scheiben Pumpernickel
40 g gehackte Mandeln
2 EL Rohrohrzucker

Eigelbe und Zucker in eine Schüssel geben und mit dem Mixer 5 Minuten hell-cremig rühren. Zimt und Sternanis zufügen, unterrühren und die Masse über dem Wasserbad unter ständigem Rühren erwärmen. (Der Topf darf nicht mit dem heißen Wasser in Berührung kommen.) Dabei nach und nach den Likörwein zufügen.

Sobald die Zabaione dick-cremig wird, vom Herd nehmen. Die Schüssel in einen Topf mit kaltem Wasser stellen und unter gelegentlichem Rühren abkühlen lassen. Dann in den Kühlschrank stellen. Die Sahne steif schlagen. Die vollständig abgekühlte Zabaione-Masse aus dem Kühlschrank nehmen, in eine große Schüssel geben und die Sahne vorsichtig kurz (!) unterheben.

Die Löffelbiskuits zerkleinern und auf vier Gläser verteilen. Das Zabaione-Mousse daraufgeben und die Gläser erneut in den Kühlschrank stellen.

Für den Pumpernickel-Crunch den Pumpernickel in einem Blitzhacker zerkleinern oder mit einem Messer fein würfeln. Mit gehackten Mandeln und Zucker in eine Pfanne geben und bei mittlerer Hitze rösten, bis der Zucker leicht karamellisiert. Auf ein mit Backpapier ausgelegtes Blech geben und auskühlen lassen.

Die Mousse aus dem Kühlschrank nehmen, mit Pumpernickel-Crunch bestreuen und servieren.

# MORGENRÖTE

FRÜHSTÜCK

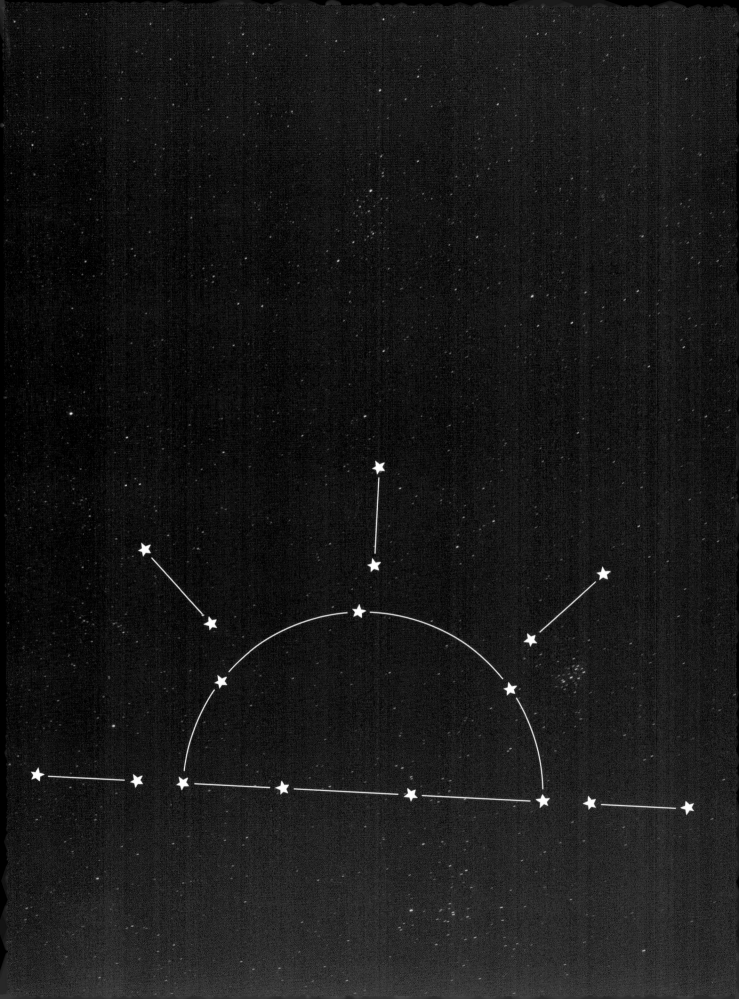

Als gesundes Frühstück sind Overnight-Oats längst zum Trend geworden. Noch dazu sind sie gut vorzubereiten und somit das perfekte Rezept für Nachtschwärmer. Auch zum Mitnehmen eignen sie sich gut, sodass man auch unterwegs oder im Büro nicht auf einen glücklichen Frühstücksmoment verzichten muss.

# KOKOS-MANGO-OVERNIGHT-OATS

Am Vorabend Haferflocken, Chia-Samen und Kokosflocken mit Kokosmilch und Milch gründlich vermengen. Über Nacht in den Kühlschrank stellen und quellen lassen.

Am nächsten Tag die Overnight Oats Zimmertemperatur annehmen lassen, mit Honig süßen und kräftig durchrühren.

Die Mango schälen und würfeln, die Hälfte der Mangowürfel mit Banane, Joghurt und Rohrohrzucker in ein hohes Gefäß geben und mit dem Mixstab pürieren. Die Kokoschips in einer Pfanne ohne Fett kurz rösten, bis sie leicht gebräunt sind.

Die Overnight Oats abwechselnd mit dem Mango-Bananen-Püree in Gläser schichten und mit restlichen Mangowürfeln sowie den Kokoschips und Kokosflocken garniert servieren.

**Für 2 Portionen**

80 g Haferflocken
1 EL Chia-Samen
5 EL Kokosflocken
200 ml Kokosmilch
120 ml Milch (alternativ Wasser)
1 EL Honig

FÜR DAS MANGO-PÜREE:
1 Mango
1 Banane
2 EL Joghurt
1 TL Rohrohrzucker

FÜR DAS TOPPING:
Kokoschips
Kokosflocken

Abgeleitet von dem französischen Wort *croquer* (knacken) sind Croque Madame und Croque Monsieur zwei unterschiedliche Varianten eines Frühstücks-Sandwiches. Wer dem französischen Original ganz nah kommen möchte, sollte auf jeden Fall Briochescheiben verwenden. Das Rezept ist auf S. 145 zu finden.

# CROQUE MADAME

**Für 4 Portionen**

8 Scheiben Brioche (s. Rezept auf
S. 145, alternativ Weißbrot)
4 EL Dijon-Senf
8 Scheiben Gruyère
8 Scheiben Kochschinken
Butter
100 g geriebener Emmentaler
4 Eier
Salz
frisch gemahlener
schwarzer Pfeffer

Vier Scheiben Brioche mit Senf bestreichen und mit jeweils 2 Scheiben Gruyère und Schinken belegen. Die übrigen Briochescheiben darauflegen. Etwas Butter in einer beschichteten Pfanne zerlassen und die Sandwiches von beiden Seiten je 2–3 Minuten bräunen, bis der Käse leicht geschmolzen und das Brot knusprig ist.

Die Sandwiches auf ein mit Backpapier belegtes Blech geben, mit Emmentaler bestreuen und 5–7 Minuten unter dem Backofengrill überbacken.

Währenddessen 4 Spiegeleier in der Pfanne in etwas Butter braten, das Eigelb sollte noch flüssig sein. Die Sandwiches aus dem Ofen nehmen, jeweils ein Ei daraufgeben und sofort mit Salz und Pfeffer bestreut servieren.

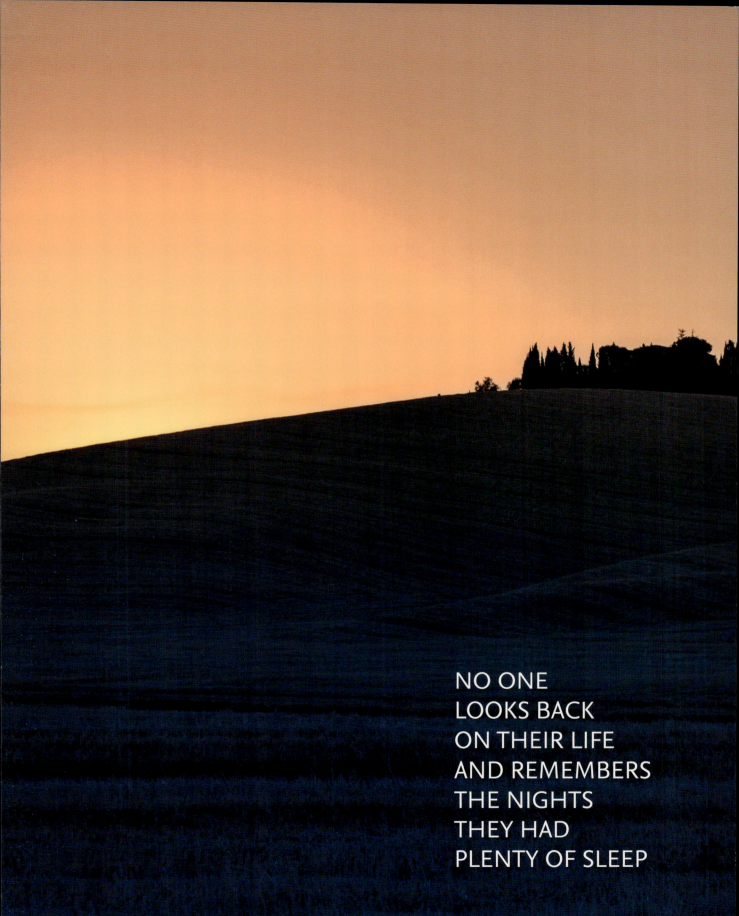

NO ONE
LOOKS BACK
ON THEIR LIFE
AND REMEMBERS
THE NIGHTS
THEY HAD
PLENTY OF SLEEP

Wer hätte gedacht, dass Low Carb am Morgen so lecker sein kann? Durch das Trennen der Eier und das Unterheben des Eischnees wird dieses Omelett extra fluffig und kann nach Belieben mit weiteren Zutaten gefüllt oder auch mit fein geriebenen Trüffeln bestreut werden.

# GEFÜLLTES OMELETT

Für die Füllung den Lachs in Streifen schneiden. Die Paprika von Samen und Scheidewänden befreien, in schmale Streifen schneiden und in etwas Olivenöl anbraten. Alles beiseitestellen.

Für das Omelett die Eier trennen und die Eiweiße steif schlagen. Eigelbe mit Sahne verquirlen, mit Salz und Pfeffer würzen. Eischnee und Parmesan vorsichtig unterheben.

Die Hälfte der Butter in einer beschichteten Pfanne bei mittlerer Hitze schmelzen. Die Hälfte der Eimasse in die Pfanne geben und ca. 5 Minuten stocken lassen. Das Omelett wenden und von der anderen Seite bräunen. Herausnehmen, die restliche Butter in die Pfanne geben und mit dem restlichen Ei ein zweites Omelett zubereiten. Die vorbereitete Füllung auf die Omeletts geben, diese zufalten, mit Parmesan und Kresse bestreuen und sofort servieren.

**Für 2 Portionen**

FÜR DAS OMELETT:
**4 Eier**
**4 EL Sahne**
**Meersalz**
**Frisch gemahlener weißer Pfeffer**
**30 g frisch gehobelter Parmesan**
**1 EL Butter**

FÜR DIE FÜLLUNG:
**80 g Räucherlachs**
**1 kleine rote Paprika**
**Olivenöl**

AUSSERDEM:
**frisch gehobelter Parmesan**
**1 Handvoll Kresse**

**Die Smoothie-Variante zum Löffeln macht sofort gute Laune!
Eine Schüssel voller Glück – und Vitamine.**

# WAKE-ME-UP-SMOOTHIE-BOWL

**Für 2 Portionen**

**2 Bananen**
**¼ Ananas**
**2 Kiwis**
**200 ml Kokosmilch**
**2 TL Matcha-Pulver**

FÜR DAS TOPPING:
**Himbeeren**
**Kiwi**
**Kokoschips**
**Bananenchips**

Die Bananen am Vortag schälen, in Stücke schneiden und einfrieren. Die Ananas und die Kiwis schälen, würfeln und mit den gefrorenen Bananenstücken pürieren. Kokosmilch und Matcha-Pulver zufügen und alles zu einer cremigen Masse pürieren.

Smoothie auf zwei Schälchen verteilen und mit Himbeeren, Kiwischeiben, Kokos- und Bananenchips garnieren.

**Luftig, süß und himmlisch weich – eine Brioche ist weit mehr als ein schlichtes Weißbrot! Daher nennt man das aus Frankreich stammende Hefegebäck hierzulande auch gerne „Apostelkuchen". Am besten schmeckt sie frisch mit Butter und Marmelade.**

# BRIOCHE

Mehl und Zucker in einer großen Schüssel gründlich vermengen. In der Mitte eine Mulde formen, die Hefe hineinbröseln und mit 10 EL der warmen Milch verrühren. Den Vorteig 10 Minuten abgedeckt gehen lassen. Die übrige lauwarme Milch und das Ei zufügen und mit den Knethaken der Küchenmaschine unterkneten. Die Butter in Würfeln und das Salz zugeben, den Teig 20 Minuten mit der Küchenmaschine kneten.

Anschließend die Schüssel mit einem Küchentuch bedecken und den Teig 1 Stunde an einem warmen Ort gehen lassen. Nochmals auf der bemehlten Arbeitsfläche kurz durchkneten. Den Teig in drei Teile teilen, jeweils zu ca. 35 cm langen Strängen formen und diese zu einem Zopf flechten. Den Zopf in die gefettete Kastenform geben und 1 Stunde gehen lassen.

Den Ofen auf 150 °C vorheizen. Die Brioche mit der Eiersahne bepinseln und mit Hagelzucker bestreuen. Im Ofen auf der mittleren Schiene 35–40 Minuten backen.

**Für eine Kastenform**

**(11 x 30 cm)**

**500 g Mehl**
**60 g Zucker**
**1 Würfel frische Hefe**
**250 ml lauwarme Milch**
**1 Ei**
**60 g Butter (Zimmertemperatur)**
**1 Prise Salz**

AUSSERDEM:
**Mehl für die Arbeitsfläche**
**Butter für die Form**
**1 Eigelb mit 1 EL Sahne verquirlt,**
**zum Bestreichen**
**4 EL Hagelzucker zum Bestreuen**
**(entfällt bei Verwendung für Croque**
**Madame auf S. 136)**

Nicht nur zum Kaffee am Nachmittag, sondern auch zum Frühstück schmecken Waffeln gut.
Diese herzhafte Rezeptvariante mit Avocado-Tomaten-Salsa auf einer fluffigen Waffel ist eine
ebenso gute Grundlage für einen Tag voller neuer Herausforderungen und genau der passende
Start in den Morgen nach einer langen Nacht.

# FETA-KRÄUTERWAFFELN

**Für 4 Portionen**

FÜR DIE WAFFELN:
150 g weiche Butter
150 g Naturjoghurt
250 g Vollkornmehl
150 g Feta
frische Kräuter nach Belieben
(z. B. Petersilie, Schnittlauch, Kresse)
3 Eier
Salz
frisch gemahlener
schwarzer Pfeffer

FÜR DIE SALSA:
2 Avocados
3 Tomaten
Saft von ½ Limette
Salz
frisch gemahlener
schwarzer Pfeffer

AUSSERDEM:
Margarine für das Waffeleisen
4 Eier

Für die Waffeln Butter, Joghurt und Vollkornmehl in eine große Schüssel geben. Feta darüberbröseln, die Kräuter waschen, trocken tupfen und mit den Eiern zufügen. Alles mit dem Mixer gut verrühren und mit Salz und Pfeffer würzen. Beiseitestellen.

Für die Salsa die Avocados schälen, halbieren und den Kern entfernen. Das Fruchtfleisch würfeln. Die Tomaten vierteln, vom Stielansatz befreien und würfeln. Avocado- und Tomatenwürfel vermengen, mit Limettensaft beträufeln und mit Salz und Pfeffer würzen.

Die Waffeln im gefetteten Waffeleisen backen und 4 Eier pochieren. (Alternativ im Eierkocher wachsweich kochen und anschließend pellen.) Die Salsa auf den Waffeln verteilen, je ein Ei darauf platzieren und sofort servieren.

**Wer sich etwas Zeit für die Vorbereitung nimmt, kann sich den Weg zum Bäcker sparen und wird mit warmen, knusprigen Brötchen belohnt. Diese lassen sich zudem auch gut einfrieren: Zum Auftauen und Aufbacken einfach 10–15 Minuten bei 180 °C in den vorgeheizten Ofen geben.**

# KNUSPRIGE DINKELBRÖTCHEN

Mehl, Zuckerrübensirup, Salz und Zucker in einer großen Schüssel gründlich vermischen. 150 ml Wasser mit der Buttermilch in einen Topf geben und lauwarm erwärmen. Die Hefe in der Flüssigkeit auflösen, zur Mehlmischung geben und mit dem Knethaken der Küchenmaschine zu einem glatten Teig verarbeiten. Die Schüssel mit einem Küchentuch abdecken und den Teig an einem warmen Ort 45 Minuten gehen lassen. Dann mit einem feuchten Tuch abdecken und über Nacht in den Kühlschrank stellen. (Alternativ sofort weiterverarbeiten.)

Am nächsten Tag den Backofen auf 230 °C vorheizen. Den Teig in gleich große Teigstücke teilen, jede Portion kurz auf der bemehlten Arbeitsfläche durchkneten und anschließend zu einer Kugel formen.

Eine feuerfeste Auflaufform mit Wasser füllen und in den Ofen stellen. Ein Blech mit Backpapier auslegen, die Brötchen mit Mehl bestäuben und mit Abstand auf das Blech setzen. 30 Minuten gehen lassen, damit die Brötchen Zimmertemperatur annehmen. Die Brötchen kreuzförmig einschneiden, mit etwas Wasser besprühen und nach Belieben mit Kürbiskernen bestreuen. Ca. 15 Minuten im Ofen goldbraun backen. Zwischendurch mit Wasser besprühen, dann werden sie knuspriger.

**Für 6–8 Brötchen**

**500 g Dinkelmehl Typ 630**
**1 EL Zuckerrübensirup**
**2 TL Salz**
**½ TL Zucker**
**150 ml Buttermilch**
**20 g frische Hefe**

AUSSERDEM:
**Dinkelmehl für die Arbeitsfläche**
**plus etwas zum Bestäuben**
**Kürbiskerne zum Bestreuen**
**nach Belieben**

Die Wassermelone ist die unangefochtene Nr. 1 in dieser wunderbar erfrischenden Limonade. Wer mag, kann die beiden ausgehöhlten Melonenhälften zum Servieren verwenden: Einfach den coolen Watermelon-Drink, der ganz ohne Alkohol auskommt, hineinfüllen und wie unten beschrieben dekorieren.

# WATERMELON LEMONADE

**Für 2 Longdrinkgläser**

1 kernlose Mini-Wassermelone
200 ml Zitronensaft
400 g Erdbeeren, geviertelt
eingefroren
160 g Zucker
2 Handvoll Eiswürfel
+ ggf. etwas mehr

Die Wassermelone halbieren, das Fruchtfleisch mit einem großen Löffel entnehmen, ggf. vorhandene Kerne entfernen. In einen Mixer füllen.

Zitronensaft, gefrorene Erdbeeren und Zucker ebenfalls in den Mixer geben und mit den Eiswürfeln zu einem cremigen Drink mixen.

In Trinkgläser mit Deckel füllen und mit einem bunten Strohhalm dekoriert servieren.

**Nach einer durchtanzten Nacht brauchen wir eine deftige Stärkung, um neue Energie für den Tag zu tanken. Diese Pancake-Variante kommt da gerade recht und lässt mit knusprig gebratenem Frühstücksspeck schon mal den ersten Traum Realität werden.**

# KÄSE-PANCAKES MIT FRÜHSTÜCKSSPECK

Backofen auf 100 °C vorheizen. Mehl, Salz und Backpulver in einer großen Schüssel vermengen. Die Eier gründlich unterrühren. Den Käse zufügen und mit einem Holzlöffel untermischen.

Butter in einer Pfanne zerlassen, pro Pancake 2 EL Teig in die Pfanne geben und dünn verstreichen (∅ 10 cm). Ca. 4 Minuten braten, dann wenden und die andere Seite bräunen. Die Pancakes auf einen Teller geben und im Ofen warm stellen.

Die Pfanne mit Küchenkrepp auswischen und den Frühstücksspeck knusprig ausbraten. Die Pancakes aus dem Backofen nehmen und mit Frühstücksspeck belegen und servieren.

**Für ca. 12 Stück**

**90 g Mehl**
**1 TL Salz**
**1,5 TL Backpulver**
**6 Eier**
**120 g geriebener Emmentaler**
**120 g geriebener Cheddar**

AUSSERDEM:
**Butter zum Ausbacken**
**12 Scheiben Frühstücksspeck**
**zum Servieren**

**But furst coffee! Durch die Zubereitung mit kaltem Wasser und die lange Ziehzeit ist der Cold-Brew-Coffee nicht nur eine morgendliche Erfrischung, sondern macht auch richtig wach.**

# COLD-BREW-LATTE MIT VANILLE-ZIMT-SIRUP

**Für 4 Gläser**

FÜR DEN COLD-BREW-KAFFEE:
**150 g Kaffee (grob gemahlen)**
**1 l kaltes Wasser**
**Eiswürfel nach Belieben**
**50 ml Milch**

FÜR DEN VANILLE-ZIMT-SIRUP:
**250 g Rohrzucker**
**Mark von 1 Vanilleschote**
**1 Zimtstange**

Kaffeepulver mit kaltem Wasser aufgießen und am besten über Nacht, jedoch mind. 12 Stunden ziehen lassen. Kaffee anschließend filtern.

Für den Sirup Rohrzucker in einen Topf geben und karamellisieren lassen. 350 ml Wasser zufügen (Vorsicht, heiß!) und aufkochen lassen. Vanillemark und Zimtstange zufügen und den Sirup kurz köcheln lassen. Die Zimtstange entfernen und den Sirup in eine sterilisierte Vorratsflasche füllen.

Eiswürfel in ein Glas geben und mit Cold-Brew-Kaffee auffüllen. 2 EL Sirup zufügen, umrühren und mit Milch aufgießen.

Anders als der Rezeptname es vermuten lässt, ist French Toast besonders in Amerika als Frühstück beliebt. Hierzulande auch unter dem Namen „Arme Ritter" bekannt, wurde das Gericht früher besonders zur Resteverwertung von Brot zubereitet. Mit süßen Beeren hat der French Toast aber nichts mehr mit einem Resteessen gemein, sondern verspricht echtes Frühstücksglück!

# OVERNIGHT-FRENCH-TOAST MIT BEEREN

Für den French Toast die Butter schmelzen und in die Auflaufform geben. Die Rinde vom Weißbrot entfernen und die Brotscheiben in die Form schichten, dabei jede Schicht mit Zimt-Zucker bestreuen. 2 EL Zimt-Zucker beiseitestellen. Eier und Milch verrühren und über die Toastscheiben gießen. Mit dem übrigen Zimt-Zucker bestreuen. Abgedeckt über Nacht in den Kühlschrank stellen. (Alternativ mindestens 30 Minuten ziehen lassen und anschließend wie unten beschrieben vorgehen.)

Am nächsten Tag den Backofen auf 180 °C vorheizen, die Form in den Ofen geben und den French Toast ca. 30 Minuten backen.

Währenddessen die Beeren mit Puderzucker, Vanillezucker und Traubensaft in einen Topf geben und aufkochen lassen. Die Speisestärke mit kaltem Wasser anrühren und in die Beerensoße einrühren. Kurz aufkochen lassen, bis die Soße angedickt ist. Unter Rühren etwas abkühlen lassen.

Die Form aus dem Ofen nehmen, den French Toast in Stücke schneiden, auf Teller geben und mit der Beerensoße und frischen Beeren nach Belieben servieren.

**Für 1 Auflaufform**
**(ca. 22 x 33 cm)**

FÜR DEN FRENCH TOAST:
**115 g Butter**
**12 Scheiben Weißbrot (alternativ Briochescheiben von S. 145)**
**150 g brauner Zucker, gemischt mit 1 TL Zimt**
**6 Eier**
**350 ml Milch**

FÜR DIE BEEREN:
**250 g gemischte Beeren (TK)**
**50 g Puderzucker**
**1 Pck. Vanillezucker**
**100 ml Traubensaft**
**1 EL Speisestärke**

AUSSERDEM:
**Johannisbeeren und Blaubeeren zum Servieren**

**Ursprünglich soll dieser amerikanische Frühstücksklassiker aus Deutschland in die USA gekommen und aus „Deutsch" nur irrtümlich „Dutch" geworden sein. Wo auch immer sein Name herstammt, dieser luftige Pfannkuchen ist ein absoluter Frühstückstraum nach einer langen Nacht.**

# DUTCH BABY

**Für 1 Pfanne (⌀ 26 cm)**

**1 kleiner Apfel**
**1 Handvoll Blaubeeren**
**3 Eier**
**160 ml Milch**
**80 g Mehl**
**1 Prise Salz**
**4 EL Butter**

AUSSERDEM:
**Puderzucker zum Bestreuen**

Eine ofenfeste Pfanne im Backofen bei 200 °C vorheizen. Den Apfel schälen, entkernen und in dünne Spalten schneiden. Die Blaubeeren waschen und trocken tupfen.

Eier mit Milch verquirlen. Mehl und Salz in einer Schüssel mischen und die Eier-Milch nach und nach unterrühren. Die heiße Pfanne aus dem Ofen nehmen, Butter hineingeben und schmelzen lassen. Den Teig in die Pfanne geben und mit Apfelspalten und Blaubeeren belegen. Ca. 20 Minuten im Ofen backen, bis der Teig am Pfannenrand hochgeht.

Die Pfanne aus dem Ofen nehmen, den Pfannkuchen mit Puderzucker bestäuben und noch warm servieren.

# ODE ANS KAFFEEHAUS

MILENA MOSER

Samstagmorgen kurz nach neun, die Schlange vor dem Kaffeetresen des Atlas Cafe zieht sich zur Tür hinaus und bis um die Ecke. Junge Frauen in zu großen Pyjamahosen und Plüschpantoffeln mit Hasenohren. Ältere Damen mit lila Locken und Wanderschuhen. Radkuriere mit künstlichen Dreadlocks und Beinen aus Stahl, Jogger, Hundebesitzer, Wichtigtuer, ein Mann mit fahrbarem Sauerstoffgerät. Ich stelle mich hinten an, den Computer unter den Arm geklemmt. Gerade habe ich meinen Sohn im Fechtkurs abgesetzt, eineinhalb Stunden liegen vor mir und eine unfertige Geschichte. Die Schlange bewegt sich nur langsam, die Bestellungen sind kompliziert und die Baristas, wie die Kaffeeausschenker genannt werden, so verlangsamt und gelangweilt, wie sich das für das Personal von Szenecafés auf der ganzen Welt gehört.

Ich behalte die kleinen Tische im Lokal im Auge, als könnte ich mit hypnotischem Blick einen für mich reservieren, ganz hinten an der Wand. Es ist sonnig, der kleine Hinterhof schon voll besetzt. Zum Glück wollen die meisten Kunden ihren Kaffee im Pappbecher „to go" gleich wieder mit nach Hause nehmen und im Bett durch die kleine schnabelartige Öffnung im Plastikdeckel schlürfen. Sagte ich Kaffee? Das war ein Versehen. Kaffee bestellt hier niemand, sondern mysteriöse Mixturen wie „half-caf/decaf" oder einen doppelten „nassen" Cappuccino oder gar einen Latte mit fettfreier Sojamilch und Schlagsahne obendrauf. Ein Ausdruck von innerer Zerrissenheit, der mich länger beschäftigen wird. Als ich an die Reihe komme, sage ich fantasievoll wie immer: „Einen doppelten Espresso bitte und ein Himbeer-Scone."

„Einen was? Doppelten was?", näselt die junge Barista an ihrem Nasenring vorbei, doch irgendwas in meinem Blick hält sie davon ab, mir einen Vertrag über die gesundheitlichen Risiken übersteigerten Koffeinkonsums zu halten. Stattdessen wendet sie sich wieder an den tassenspülenden Mexikaner, der sich ihre Auflistung von Dingen, die sie im Verlauf des gestrigen Abends zu sich genommen hat, geduldig anhört.

Endlich bin ich an meinem Tisch, ganz hinten in der Ecke, Blick über das ganze Lokal, ich esse erst einmal mein Scone, kippe den Kaffee und lasse mir die Tasse wieder füllen: „Noch einen?", näselt das Fräulein, jetzt beinahe bewundernd, „wow, du kannst aber was vertragen!" Ich wische die Krümel vom Tisch, bevor ich meinen Computer aufklappe. Das ist mein Arbeitszimmer, samstags von neun bis halb elf, während mein Sohn um die Ecke den Säbel schwingt, oder wie immer das Ding heißt. Wochentags klappe ich mein Büro entweder im „Dolores Park" in der Nähe der Schule auf oder im „Farley's" bei mir um die Ecke. Doch das „Dolores Park" bietet kabellose Internetverbindung an, was bei mir sofort zu endlosem E-Mail-Geschnatter führt, und im „Farley's" liegen die (in „Sofa, Yoga, Mord" verewigten) Gästetagebücher auf den Tischen, deren endlosen seifenopernartigen Geständnissen ich nie widerstehen kann. Außerdem ist der Besitzer, der drahtige Roger, ein Exfreund meiner Freundin Alice. Jedesmal, wenn er mich sieht, erkundigt er sich nach ihr, so in dem Ton: „Ist sie etwa schon wieder schwanger oder einfach nur dick geworden?"

Im Atlas gibt es nichts dergleichen, nur eine eklektische Mischung von Menschen, die mich jedesmal von Neuem entzückt. In Zürich zum Beispiel würde sie automatisch vorsortiert: die aufstrebenden jungen Fernsehproduzenten bleiben hübsch unter sich, die trotzigen jungen Lesben mit ihren halbrasierten Köpfen hätten ihr eigenes Lokal,

ebenso wie die befreiten Großmütter in ihren selbst
bemalten Seidentuniken und die Yogasüchtigen
mit ihren zusammengerollten Matten. Selbst die
Obdachlosen und ihre Hunde würden einen eigens
für sie eingerichteten Treffpunkt aufsuchen müssen. Aber hier in San Francisco teilen sie sich alle
dasselbe szenige Café und dieselbe schnoddri-ge
Bedienung – das liebe ich an dieser Stadt.
Selbst Touristen trauen sich, am Tisch die Straßen-
karte aufzufalten, ohne sich bloßgestellt zu fühlen.
Und natürlich bin ich nicht die Einzige, die hier
in die Tastatur haut: Schreiben im Kaffeehaus hat
in San Francisco Tradition. Die Beat-Poeten tra-
fen sich jeweils im Caffe Trieste im Italienerviertel
North Beach, wo sich zwar weit und breit kein
Strand befindet, dafür die berühmte City Lights
Buchhandlung, die den erst mal verbotenen Roman
„On the Road" veröffentlichte und vertrieb und
deren Besitzer sich dafür vor Gericht verantworten
mussten. Da traf sich, wer einen Bleistift halten
konnte, zu Endlos-Lesungen und Diskussionen, die
dann im Caffe Trieste fortgeführt wurden, bis die
Kaffeebohnen ausgingen. Es heißt, San Franciscos
Beitrag zur Beatliteratur sei ausschließlich an diesen
kleinen runden Tischen entstanden, an denen heute
noch furios und fiebrig in schwarze Notizbücher
gekritzelt (seltener auf Laptoptastaturen eingetrom-
melt) wird. In San Francisco gibt es an jeder Ecke
Kaffeehäuser – Kaffee ist eines der letzten Laster,
die sich gesundheitsbewusste Nordkalifornier noch
gönnen, gleich literweise schlürfen sie die absur-
den, klebrig-süßen Mischgetränke, die manchmal
auch „candy bar in a cup" genannt werden und
leicht eine Mahlzeit ersetzen können. Die mit Krei-
de auf eine Schiefertafel hinter der Theke gemalte
Karte füllt meist gleich die ganze Wand: Kaffee wird
mit heißer Schokolade gemischt oder mit einem
Schuss Caramel- oder Vanillesirup versetzt, mit Eis
und Schlagsahne aufgepeppt, mit Zimt und Zucker

bestreut. Jedes Viertel hat seine Nachbarschaftscafés, kleine, schräge, mit Flohmarktsofas möblierte Lokale, die sich tapfer gegen die verpönten mit dem grünen Signet behaupten und in denen sich Pensionäre, Studenten und Ladenbesitzer treffen. Auf windschiefen Bänken vor der Tür unterhalten sich Raucher mit Hundehaltern und überall sitzen auch angehende oder etablierte Schriftsteller, Drehbuchautoren und Dichter an den Tischen. Manche haben zur Betonung ihrer Ernsthaftigkeit einen Wall aus Büchern um sich herum. Bitte nicht stören, hier arbeitet jemand, der Proust liest! Aber hallo, im Original! In dieser emsigen Atmosphäre fühle ich mich sozusagen zur Produktivität verpflichtet, ich hacke in die Tastatur, als hinge mein Leben davon ab. Zu Hause hätte ich schon längst die Zeitung aufgefaltet oder die Post geöffnet, das Telefon abgenommen, ach was, ich wäre aufgestanden, hätte das Frühstücksgeschirr abgewaschen und den Weg zurück zum Schreibtisch nie mehr gefunden. Doch hier gönne ich nicht mal meinen Tippfingern (zwei an jeder Hand) eine Pause. Die zugegeben leicht pubertäre Überzeugung, beobachtet zu werden, hält mich bei der Sache. Kaum halte ich einen Augenblick inne, meine ich, die anderen Gäste kopfschüttelnd zueinander sagen zu hören: „Nun schau dir mal die an, in der Ecke da, die schreibt doch gar nicht!" Und schon bin ich so drin in meiner Geschichte, dass ich die Zeit vergesse. Mein Sohn steht schon an der Ecke, in seinen zu großen und nicht mehr ganz sauberen Fechthosen, den Helm unter den Arm geklemmt, als ich angekeucht komme, die Computerkabel hinter mir herschleifend. „Ich hab Hunger", sagt er, „ich hab Durst, krieg ich eine heiße Schokolade?" Und schon stehen wir wieder in der Schlange vor dem Atlas Cafe. ✳

# REGISTER

# TEAM )

NIGHT KITCHEN

### LISA NIESCHLAG

Lisa Nieschlag ist Designerin, Kochbuch-Autorin und Food-Fotografin.

Mit ihren fotografischen Inszenierungen macht sie zahlreichen Lesern Appetit auf mehr. Erst recht, wenn sie dann als Stylistin alles noch so geschmackvoll ins Szene setzt. Die Küche ist Lisas kreativer und kulinarischer Kosmos.

Zusammen mit Julia Cawley betreibt Lisa den beliebten Food-Blog „Liz & Jewels."

*www.lizandjewels.com*

### LARS WENTRUP

Lars Wentrup ist ein Allrounder: Designer, Illustrator, Feinschmecker und Testesser.

Angespornt durch das kreative Foodstyling und die eindrucksvollen Bildwelten schafft Lars die perfekte Plattform und bringt den – in jeder Hinsicht – guten Geschmack zu Papier.

Seit 2001 führt Lars gemeinsam mit Lisa eine Agentur für Kommunikationsdesign in Münster.

*www.nieschlag-und-wentrup.de*

### JULIA CAWLEY

Die gefragte Fotografin lebt und arbeitet in Hamburg, dem Tor zur Welt. Mit Lisa und Lars verbindet sie eine langjährige und erfolgreiche Zusammenarbeit. Ihre Fotografien bereichern die gemeinsamen Koch-buchprojekte mit beeindruckenden Städte- und Landschaftsbildern. Das hat sie mit der erfolgeichen *New York Christmas* Reihe bewiesen.

### OLIVER SCHWAB

Der Art Direktor ist seit seiner Kind-heit vom Nachthimmel fasziniert. Heute ist die Astrofotografie sein liebstes Hobby und mit seinen Bildern bringt er uns Mond, Sternen und galaktischen Nebeln ein ganzes Stück näher. Beim Blick durch das Teleskop empfindet er noch immer dieselbe Begeisterung wie als kleiner Junge.

### SASCHA TALKE

Neben seinem Beruf als Fitness- und Personaltrainer ist Sascha leidenschaftlicher Landschafts- und Städtefotograf. Egal ob im frühen Morgengrauen oder zu später Mit-ternachtsstunde – er scheut keine Mühen, um den perfekten Moment mit seiner Kamera einzufangen. Die Ergebnisse werden mit vielen *Likes* bei Instagram belohnt.

DANKE

**... an unsere Assistentinnen
am Set, die uns tatkräftig
bei der Zubereitung und beim
Stylen der vielfältigen Rezepte
geholfen haben:**
Melissa Lange
Verena Lorenz
Anne Neier

**... an unsere
Kooperationspartner
für die Bereitstellung
der schönen Deko:**
Astrid Wallström Design PR
Broste Copenhagen
blomus
TineKHome

**... für die Bereitstellung der
wunderschönen Atelier-Location
für unser Titelshooting:**
Lisa Oldhues

## IMPRESSUM

5 4 3 2  22 21 20 19
ISBN 978-3-88117-188-5
© 2018 Hölker Verlag in der Coppenrath Verlag GmbH & Co. KG
Hafenweg 30, 48155 Münster, Germany
Alle Rechte vorbehalten, auch auszugsweise

www.hoelker-verlag.de

**Gestaltung und Satz:**
Nieschlag + Wentrup, Büro für Gestaltung
www.nieschlag-und-wentrup.de

**Fotos:**
Lisa Nieschlag: Seite 1, 6, 9, 13, 14, 19, 20, 23, 26, 29, 32, 34, 35,
36, 42, 43, 46, 47, 48, 49, 51, 54, 57, 58, 65, 66, 71, 72, 75, 77, 78, 80,
83, 84, 86, 89, 90, 96, 97, 99, 100, 102, 105, 106, 111, 112, 114, 115,
118, 119, 120, 125, 126, 127, 130, 131, 134, 136, 137, 140, 143, 144, 149,
150, 151, 152, 153, 154, 158, 159, 160, 162, 165, 176
Julia Cawley: Seite 8, 41, 63, 68, 74, 116, 122, 124, 139, 163, 166, 174, 175
Oliver Schwab: Seite 25, 62, 81, 94, 95, 103, 113, 128, 129
Sascha Talke: Seite 16, 146, 156, 168, 170
Picture Alliance: Seite 30 (Martin Grimm), 38 (Image Source),
40 (Regina Müller/Shotshop), 52 (Westend 61), 60 (Image Source),
108 (MITO images RF/Chris Walsh), 123 (Prisma), 138 (Bildagentur-
online/Tetra Images)
Shutterstock, Studio Peace: Seite 24
Anne Neier: Seite 125, 150
André Stephan: Titel
Photo by Noah Silliman on Unsplash: Titel

**Illustrationen:**
Lars Wentrup

**Rezeptentwicklung:**
Franziska Grünewald: Seite 22, 49, 55, 56, 59, 67, 70, 76, 82, 85, 88,
91, 98, 112, 130, 135, 136, 141, 142, 145, 148, 151, 155, 158, 161, 164
Kathrin Nick: Seite 12, 15, 18, 21, 27, 28, 33, 34, 37, 42, 50, 64, 73,
79, 97, 101, 104, 107, 110, 115, 118, 121, 124, 127, 152

**Lektorat:** Silke Martin

**Litho:** FSM Premedia, Münster

**Textnachweis:**
Seite 129
Aus: Antoine de Saint-Exupéry, Der kleine Prinz.
Aus dem Französischen von Grete und Josef Leitgeb.
Copyright © 1950 und 2015 Karl Rauch Verlag, Düsseldorf

Seite 167–169
Milena Moser, Ode ans Kaffeehaus.
Copyright © 2005 by Milena Moser

make a wish